Bérengère Philippon

STOP AZÚCAR

BENEFICIOS DE UNA DIETA BAJA EN AZÚCAR

Fotografía: Sophie Dumont
Estilismo: Delphine Lebrun

LIBSA

CONTENIDO

(¡Más de 80 recetas!)

Yo Y MI TOMA DE *consciencia*

¿A veces pensamos que no conseguiremos nunca disminuir el consumo de azúcar?
¿No sabemos por dónde empezar y necesitamos un poco de ayuda?
Al principio, yo tenía las mismas dudas. Lo he conseguido, aunque no me lo creyera de verdad. Por eso me dije que iba a contaros mi experiencia.

Me presento

¡Hola!, me llamo Bérengère, tengo 43 años, dos hijos, un trabajo absorbente y una vida de madre acelerada, como muchas otras mujeres.

MI FAMILIA

Tengo **dos hijos de 10 y 14 años** a los que, por desgracia, he acostumbrado demasiado a las meriendas y a los postres... **Mi marido es muy difícil con la comida** y bastante reticente al cambio... En definitiva, no lo tenía nada fácil.

MI ADICCIÓN AL AZÚCAR

Me encaaaaaaaanta el azúcar... Antes, por la mañana, tomaba galletas industriales «especiales para el desayuno», repletas de azúcar; a mediodía y por la noche, imposible terminar una comida sin postre. También comía todos los días chocolate con leche. Para evitar engordar, tenía tendencia a comer bastante sano lo salado para poder aprovechar en lo azucarado; era de las de «ensalada y enorme pastel», ¡una auténtica golosa! **Dejar el azúcar era un verdadero desafío. ¡Aún me sorprende haberlo conseguido!**

MI ACTIVIDAD DEPORTIVA

No quemo muchas calorías con el deporte, pero desde hace tres años, intento caminar al menos de 20 a 30 minutos todos los días, sobre todo en verano, y también tengo clase de zumba una vez a la semana.

Mi trabajo

Me encantan la ciencia y la cocina, así que he hecho un máster en química de los sabores alimentarios. Las salidas no eran muchas y me reorienté hacia la comunicación y el marketing.
Actualmente **llevo la comunicación** de mi empresa.
Es un trabajo **sedentario.**

MIS PASIONES

Me encanta **cocinar.** Como no tengo mucho tiempo, intento hacerlo sencillo y rápido, pero rico. También me gustan **las actividades creativas** y todo lo que tiene que ver con la **nutrición y la salud;** incluso dudé si formarme como dietista.

MI ADICCIÓN
ANTES DE MI TOMA DE CONSCIENCIA

Me gusta el azúcar desde que era muy pequeña. Me acuerdo de las meriendas cena del domingo con mi familia, en las que comíamos bollería, tartas y chocolate. Me encantaba ese momento.

A los 24 años,

cuando me fui a vivir sola por primera vez, **tenía un armario para las galletas y los chocolates** que siempre estaba lleno.

A los 32 años,

durante mi segundo embarazo, tuve un poco de **diabetes gestacional,** que olvidé enseguida, en cuanto di a luz...

A los 39 años,

me resultaba imposible quitarme de encima los **kilos** que cogía...

A los 41 años,

había cogido **4 kilos en dos años** (¡mientras que antes solo había cogido 2 kilos en 20 años!) y no conseguía quitármelos de encima, incluso haciendo algo de ejercicio. Esto me hizo pensar y **se me terminó encendiendo la bombilla...**

¡MI CAMBIO!

Apenas había pasado los 40 años cuando tuve ganas de un cambio y, sobre todo, fui consciente de la importancia de la alimentación para estar en forma. Mis amigos cada vez tienen más **problemas de salud** y pensé que era el momento de actuar para cuidarme y mantener durante algo más de tiempo la despreocupación de mi juventud. **No puedo parar el tiempo, pero tengo la posibilidad de envejecer mejor.**

Aunque no tengo sobrepeso, los kilitos que fui cogiendo lentamente durante dos años, me molestan... Y sí, **pasados los 40, el cuerpo almacena más y es más difícil perder peso.** En lo que se refiere a la salud, la pequeña diabetes gestacional que tuve y la glucemia (también conocida como «glicemia») alta de mi padre y mi hermano me dieron que pensar...

Un día, en casa de una amiga, **descubrí un libro que hablaba de limitar el azúcar.** Fue como una epifanía. Compré varios libros sobre el tema y me documenté para entenderlo mejor. Mientras más aprendía sobre el asunto, más necesario se me hacía intentarlo.

Entender, esa es la clave para lanzarse y conseguirlo. Por eso, en este libro, he querido primero explicar antes de proponer ideas de organización y recetas.

Estudié química y biología y desde siempre he sido **una apasionada de la cocina y la nutrición.** Sabía que comía demasiado azúcar, pero no deseaba darle importancia; y como soy tan golosa, **no quería ninguna dieta drástica** e imposible de mantener. Cuando descubrí la alimentación con IG bajo, la científica que hay en mí me dijo que era la alimentación ideal: solo hay que quitar los glúcidos de mala calidad y seguir comiendo grasas saludables.

Y, ¡hala! ¡lista para mi cambio! No voy a negar que los primeros 30 días fueron difíciles, pero el hecho de entender tantas cosas sobre el tema me ayudó muchísimo. Ahora, celebro mis casi dos años de mi plan cero azúcar e IG bajo. Hay grandes beneficios, «buen rollo» diario, una salud mejor ¡y adiós a mis kilos de sobra!

En definitiva, se ha convertido en una verdadera filosofía de vida y me enfrento a los 40 años pasados de una forma más serena.

Así que, ¿por qué no vosotros?

En este libro comparto mi experiencia y mis descubrimientos para ayudaros a conseguirlo.

Bérengère

ME INFORMO, ME ORGANIZO y ME lanzo

TOMO CONSCIENCIA

¿Consumimos demasiada azúcar? ¿O creemos que no porque somos de los que no tomamos postre? Cuidado, porque puede que ese no sea el caso. ¡Os lo explico todo!

ENGANCHADOS AL AZÚCAR SIN SABERLO...

Para funcionar, **nuestro cuerpo necesita glucosa (azúcar) como combustible,** pero esta puede **resultar nefasta** si se consume en grandes cantidades. La glucosa y demás azúcares (fructosa y galactosa) están presentes en muchos alimentos y **en diferentes formas:** molécula simple o cadena de varias moléculas. Generalmente, para hablar de azúcares, utilizamos el término **«glúcidos».**

DIFERENTES TIPOS DE GLÚCIDOS

AZÚCAR
1 molécula

Glucosa

Fructosa

Galactosa

AZÚCAR
2 moléculas

Glucosa + Fructosa
....
SACAROSA

Glucosa + Galactosa
....
LACTOSA

Glucosa + Glucosa
....
MALTOSA

FÉCULAS
Varias moléculas unidas
Ejemplo: el almidón del pan
o de las harinas

Glucosa
Glucosa
Glucosa
Glucosa
Glucosa Glucosa
Glucosa Glucosa
Glucosa
Glucosa Glucosa

Tendemos a hablar de **azúcar** para los azúcares de una o dos moléculas y de **féculas** cuando se trata de grandes cadenas de moléculas (almidón). Por ejemplo, al azúcar blanco es sacarosa, una combinación de glucosa y de fructosa.

En nuestro cuerpo, durante la digestión, sean cuales sean los glúcidos ingeridos, las enzimas se encargan de dividirlo todo para que solo queden azúcares de una molécula: glucosa, fructosa y galactosa. En nuestro caso, nos centraremos concretamente en la glucosa, que tiene un impacto directo sobre la glucemia.

La glucemia es la tasa de glucosa en la sangre.

Un ejemplo concreto:

Cuando comemos pan blanco normal, podríamos pensar que no estamos consumiendo un alimento azucarado. Sin embargo, en nuestro cuerpo, el almidón del pan (cadena de moléculas de glucosa) será digerido y dividido rápidamente en glucosa simple.

<u>Resultado:</u> la glucemia subirá significativamente.

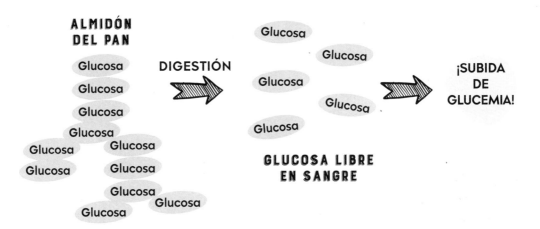

Y sí, sin saberlo, tendremos una importante cantidad de glucosa en la sangre, aunque no hayamos comido postre.

CONCLUSIÓN: no solo el azúcar de los pasteles hace subir la glucemia. Generalmente, habrá que prestar atención a todos los glúcidos que estén presentes en los postres o en las féculas (pan, pastas, arroz...). Si os sirve de consuelo, esto no quiere decir que haya que dejar de comerlos, sino que habrá que prestar atención a la cantidad y a la calidad de los glúcidos que consumimos.

Las féculas que debemos evitar son las que **contienen harinas refinadas** (pan blanco, pastas clásicas...). De hecho, aunque no tengan un sabor azucarado, **las harinas blancas,** como la del trigo T45 o T55, que encontramos por todas partes, **se transforman en nuestro cuerpo rápidamente en glucosa y tienen, por tanto, el mismo impacto que el azúcar.** Más adelante veremos cuáles son los glúcidos «buenos» que hay que priorizar.

¿POR QUÉ EL AZÚCAR EN EXCESO ES PERJUDICIAL PARA EL ORGANISMO?

Cuando consumimos demasiado azúcar, el cuerpo se resiente a distintos niveles.

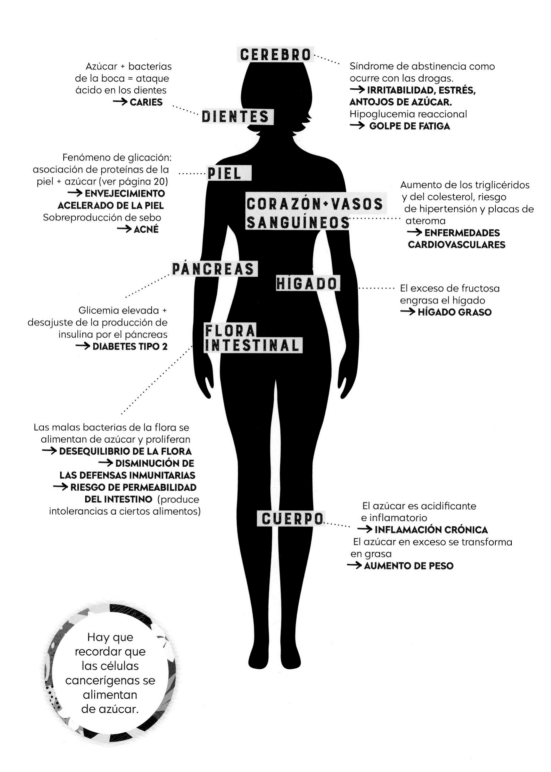

CEREBRO

Azúcar + bacterias de la boca = ataque ácido en los dientes
→ **CARIES**

DIENTES

Síndrome de abstinencia como ocurre con las drogas.
→ **IRRITABILIDAD, ESTRÉS, ANTOJOS DE AZÚCAR.**
Hipoglucemia reaccional
→ **GOLPE DE FATIGA**

Fenómeno de glicación: asociación de proteínas de la piel + azúcar (ver página 20)
→ **ENVEJECIMIENTO ACELERADO DE LA PIEL**
Sobreproducción de sebo
→ **ACNÉ**

PIEL

CORAZÓN + VASOS SANGUÍNEOS

Aumento de los triglicéridos y del colesterol, riesgo de hipertensión y placas de ateroma
→ **ENFERMEDADES CARDIOVASCULARES**

PÁNCREAS

HÍGADO

El exceso de fructosa engrasa el hígado
→ **HÍGADO GRASO**

Glicemia elevada + desajuste de la producción de insulina por el páncreas
→ **DIABETES TIPO 2**

FLORA INTESTINAL

Las malas bacterias de la flora se alimentan de azúcar y proliferan
→ **DESEQUILIBRIO DE LA FLORA**
→ **DISMINUCIÓN DE LAS DEFENSAS INMUNITARIAS**
→ **RIESGO DE PERMEABILIDAD DEL INTESTINO** (produce intolerancias a ciertos alimentos)

CUERPO

El azúcar es acidificante e inflamatorio
→ **INFLAMACIÓN CRÓNICA**
El azúcar en exceso se transforma en grasa
→ **AUMENTO DE PESO**

Hay que recordar que las células cancerígenas se alimentan de azúcar.

ENTIENDO

Según mi experiencia, para dejar el azúcar, hay que entender.
Me he documentado mucho, he leído más de una decena de libros
sobre el tema y he hecho numerosas consultas en internet. Como, por
naturaleza, tengo una mente sintética, he decidido explicar todo de
forma simple y visual a través de esquemas.
Aquí va el resumen de mis investigaciones.

CUANDO COMEMOS GLÚCIDOS, ¿EN QUÉ SE TRANSFORMAN?

Aquí va una pequeña explicación sobre la digestión de los glúcidos.

BOCA

Masticación
Predigestión de algunos glúcidos
(Ejemplo: el almidón del pan)

↓

ESTÓMAGO

Acción del jugo gástrico sobre los alimentos
para continuar la digestión

↓

INTESTINO DELGADO

Última etapa de la transformación
de los alimentos en nutrientes
para después ser absorbidos a
través de la sangre. Los glúcidos
se transforman en glucosa (pero
también en fructosa
y en galactosa)

↓

INTESTINO GRUESO

Los nutrientes que no son
absorbidos por la sangre, se
transforman en excrementos

Fase 1: Los carbohidratos que ingerimos son digeridos y **parcialmente transformados en glucosa** en el intestino delgado.

Fase 2: La glucosa llega a la sangre y el azúcar en la sangre aumenta. El páncreas, cuyo papel es regular la glucosa en la sangre (para mantener un valor normal y constante), secreta insulina. Esto permitirá que la glucosa sea enviada a diferentes lugares:

• En primer lugar, son nuestras células las que se benefician de ella porque les proporcionan energía.

• El exceso de glucosa se almacena en forma de **glucógeno** (*stock* fácilmente utilizable cuando sea necesario, durante el esfuerzo físico, por ejemplo).

• Por último, cuando la cantidad de glucosa es demasiado alta, **se transforma en grasa mala** y se alojará en lugares que no nos gustan (aumento de peso).

¡Es este tercer caso el que debe evitarse!

Llegada de los nutrientes (glucosa incluida a la sangre)

GLUCOSA

Gracias a la insulina
segregada por el páncreas,
la glucosa pasa a
diferentes lugares:

1. CÉLULAS
Utilización directa

2. HÍGADO
Reserva accesible
rápidamente en forma
de **glucógeno**

3. TEJIDO ADIPOSO
Reserva a largo plazo
en forma de **triglicéridos**
(grasa malas)

Que hay que evitar

¿CUÁLES SON LOS GLÚCIDOS BUENOS? ¿Y LOS MENOS BUENOS?

Todos los glúcidos no tienen el mismo impacto sobre nuestro organismo. Esto depende de la naturaleza de los alimentos.

CASO 1. Alimentos cuyos glúcidos se digieren rápidamente. Provocan una llegada rápida y elevada de glucosa en sangre, lo que da lugar a un pico de insulina y, por tanto, entraña un riesgo importante de reserva en forma de grasa. Este es el caso de los alimentos muy azucarados y de muchas féculas (pan blanco, pastas clásicas, masas de pastel industriales...).

CASO 2. Alimentos cuyos glúcidos se digieren lentamente. La llegada de la glucosa a la sangre es progresiva, la insulina es segregada lentamente. Existe poco riesgo de reserva en forma de grasa. Es el caso de, por ejemplo, las leguminosas o las elaboraciones a base de harinas integrales.

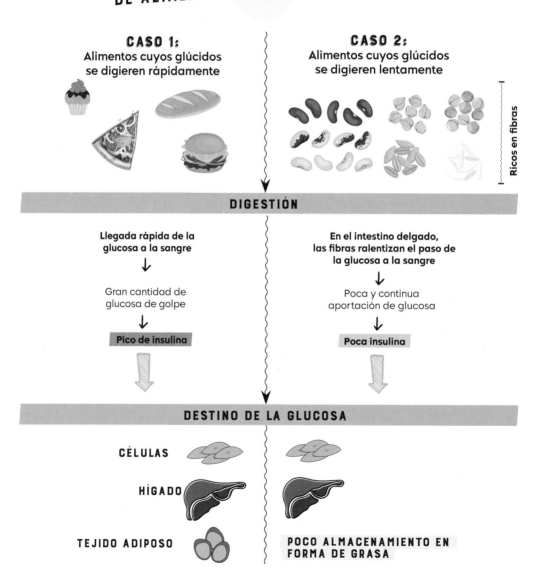

COMPARACIÓN DE DOS TIPOS DE ALIMENTOS RICOS EN GLÚCIDOS

CASO 1:
Alimentos cuyos glúcidos se digieren rápidamente

CASO 2:
Alimentos cuyos glúcidos se digieren lentamente

Ricos en fibras

DIGESTIÓN

Llegada rápida de la glucosa a la sangre
↓
Gran cantidad de glucosa de golpe
↓
Pico de insulina

En el intestino delgado, las fibras ralentizan el paso de la glucosa a la sangre
↓
Poca y continua aportación de glucosa
↓
Poca insulina

DESTINO DE LA GLUCOSA

CÉLULAS

HÍGADO

TEJIDO ADIPOSO

POCO ALMACENAMIENTO EN FORMA DE GRASA

La fibra, nuestra amiga

La fibra es esencial, puesto que ralentiza la absorción de glucosa en la sangre e impide una subida súbita de glucemia, **lo que evita su almacenamiento en forma de grasa. Por eso, habrá que favorecer los alimentos ricos en glúcidos, que contengan fibras de manera natural.** Los encontramos, por ejemplo, en los productos a base harinas integrales o en las leguminosas.

Los productos elaborados con cereales refinados no contienen fibra, ya que les han quitado su recubrimiento, que es donde se encuentra. Sin la fibra, estos cereales se digieren y se transforman rápidamente en glucosa y tienen, por tanto, el mismo impacto sobre la glucemia que el azúcar.

La diferencia entre los dos tipos de glúcidos es la cantidad de fibra, pero también la naturaleza del almidón que la compone.

La doble naturaleza del almidón

El almidón está compuesto por dos tipos de moléculas: la amilosa y la amilopectina, pero **en proporción variable según las féculas.**

1. Los alimentos que contienen más amilosa (como las leguminosas o el arroz basmati) **se digieren más despacio,** ya que a las enzimas digestivas les resulta difícil descomponerla.

2. Los alimentos que son más ricos en amilopectina (arroz blanco o glutinoso, patatas...) **se digieren mucho más rápido.** Su **impacto sobre la glucemia** es, por tanto, definitivamente más importante.

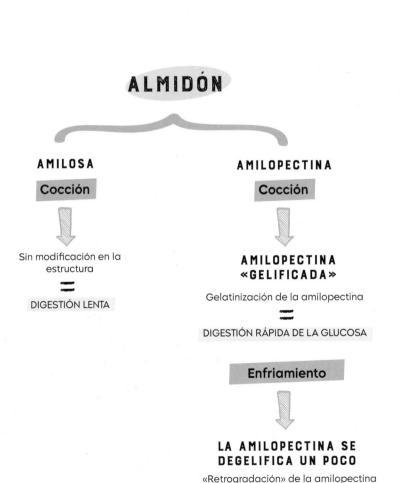

ALMIDÓN

AMILOSA

Cocción

Sin modificación en la estructura

=

DIGESTIÓN LENTA

AMILOPECTINA

Cocción

AMILOPECTINA «GELIFICADA»

Gelatinización de la amilopectina

=

DIGESTIÓN RÁPIDA DE LA GLUCOSA

Enfriamiento

LA AMILOPECTINA SE DEGELIFICA UN POCO

«Retrogradación» de la amilopectina

De entre los alimentos que contienen muchos glúcidos, hay que favorecer los que son ricos en amilosas y fibra, como las leguminosas.

Hay que recordar que, si comemos féculas frías, su impacto sobre la glucemia será más débil, ya que la amilopectina vuelve un poco a su forma de antes de la cocción, menos glucémicas.

GUIARSE POR EL ÍNDICE GLUCÉMICO (IG)

Para ubicar de manera sencilla los glúcidos buenos y los malos, existe un indicador llamado «índice glucémico» (IG) que permite saber si un alimento hace subir rápidamente la tasa de glucosa en sangre o no.

¡**Atención!**, el IG de un alimento varía según diferentes parámetros, como el modo de preparación o cocinado...

Las tres categorías del IG

El índice glucémico aporta la medida de la **calidad de los glúcidos**. Refleja **la influencia de un alimento sobre la tasa de azúcar en la sangre** durante las horas que siguen a su ingesta. Se distinguen tres categorías de IG:

IG BAJO < 55   **IG MODERADO** 55-70   **IG ELEVADO** > 70

UN PEQUEÑO GRÁFICO QUE MUESTRA LA INFLUENCIA DE LOS ALIMENTOS SOBRE LA GLUCEMIA EN FUNCIÓN DE SU IG

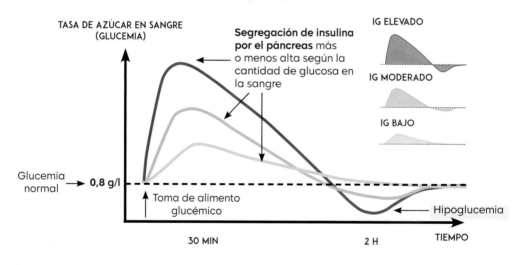

TASA DE AZÚCAR EN SANGRE (GLUCEMIA)

Segregación de insulina por el páncreas más o menos alta según la cantidad de glucosa en la sangre

IG ELEVADO

IG MODERADO

IG BAJO

Glucemia normal → 0,8 g/l

Toma de alimento glucémico

Hipoglucemia

30 MIN   2 H   TIEMPO

<u>Curva roja:</u> glucemia después de la ingesta de un alimento con IG elevado.

Treinta minutos después de la ingesta, la glucemia aumenta considerablemente, lo que provoca un pico de insulina para llevar la tasa de azúcar en sangre a un valor normal. Esta gran cantidad de insulina llevará consigo un descenso brutal del azúcar sanguíneo, e incluso, una hipoglucemia dos horas después. **Sentiremos entonces una sensación de hambre, nos pondremos más irritables o tendremos incluso un golpe de cansancio.**

<u>Curva verde:</u> glucemia después de la ingesta de un alimento con IG bajo.

La glucemia aumenta poco y se segrega menos insulina. Resultado: el azúcar llega lenta y continuamente a la sangre. **¡Tendremos menos antojos y mantendremos la energía durante más tiempo!**

INFORMACIÓN COMPLEMENTARIA: LA CARGA GLUCÉMICA (CG)

La carga glucémica (CG) es otro parámetro que se puede tener en cuenta, ya que permite medir **la cantidad de glúcidos** que contiene un alimento.

Por ejemplo, la calabaza, que tiene un IG de 65 (bastante alto), presenta una CG baja: 3,3 por 100 g. Dicho de otra forma: contiene pocos glúcidos por cada 100 g. Esto significa que habría que comer muchísima (más de 300 g) para que el impacto sobre la glucemia fuera importante.

CG BAJA	CG MODERADA	CG ALTA
< 11	11-19	> 19

Algunos alimentos que tienen un IG moderado-alto, pero una CG baja son la zanahoria y la calabaza cocidas, la sandía y el melón: para comer sin remordimientos, pero en cantidades razonables.

Para los que quieren profundizar sobre el tema, esta es la fórmula que permite calcular la carga glucémica:

$$CG = \frac{IG \times \text{ cantidad de glúcidos de una porción de alimento (en gramos)}}{100}$$

¿Parece complicado? Esto es lo que hay que recordar.
Mirad el IG de los alimentos. Si es bajo, perfecto, podremos consumirlos sin mala conciencia. Si es moderado o alto, habrá que mirar también la CG.
• **CG baja:** comer en cantidad limitada.
• **CG alta:** evitar o consumir solo en ocasiones especiales.
Consultad la tabla del IG y la información sobre la CG (páginas 32-33) para situaros.

¿POR QUÉ ADOPTAR UNA ALIMENTACIÓN CON IG BAJO?

Optar por una alimentación con IG bajo significa apostar **por glúcidos de mejor calidad.** Nos aportarán, por supuesto, la glucosa esencial para nuestro cuerpo, pero esta llegará a la sangre de forma progresiva y liberará energía gradualmente. ¿Cuál es el objetivo? **Evitar los picos de insulina** que pueden desajustar el páncreas (riesgo de diabetes tipo 2) y dar lugar a una transformación de la glucosa en grasas malas (riesgo de enfermedades cardiovasculares), o simplemente evitar coger peso. Además, **tendremos menos bajones** y estaremos en **mejor forma,** sin olvidar los numerosos beneficios que veremos más adelante.

Una alimentación equilibrada y duradera

Los alimentos con IG bajo normalmente son **buenos para la salud,** ya que son:

• Ricos en fibra, vitaminas y oligoelementos.

• Pobres en azúcares que generan reacciones antiinflamatorias.

Se trata de una alimentación equilibrada que **no prohíbe ninguna categoría de alimentos,** como en otras dietas. Nos quedaremos con las proteínas, los lípidos y los glúcidos, pero eliminaremos una parte de los glúcidos, los de mala calidad nutricional.

Es un «régimen» que podremos mantener durante toda la vida sin ningún riesgo para la salud. De hecho, para mí, no se trata de un régimen, sino simplemente de una manera de alimentarme mejor.

Quería perder algo de peso sin sentirme frustrada y sin caer en una alimentación restrictiva, imposible de mantener en la vida diaria y a lo largo del tiempo. Y, sobre todo, no quería tener carencias de vitaminas y minerales. ¡La alimentación con IG bajo era perfecta! No se pasa hambre, se come mejor y más variado, también hay lugar para los caprichos y no se suprimen del todo las grasas.

Una dieta donde las grasas no están prohibidas

Pues sí, por definición, todas las grasas tienen un IG de cero. La grasa es un transmisor del gusto, se encarga de calmar a nuestro cerebro y nuestras ganas de azúcar.

¡Cuidado!, tampoco hay que abusar y, por supuesto, **apostaremos por las grasas saludables (ácidos grasos insaturados)** que encontraremos en los alimentos oleaginosos (nueces, almendras, avellanas...), en los pescados grasos (salmón, sardina...), en los aceites buenos (de oliva, nueces, semillas de uva, colza, lino...), en el aguacate e incluso, en la mantequilla de cacao.

Podremos consumir **grasas malas (ácidos grasos saturados), pero en una cantidad mucho más limitada** para evitar enfermedades cardiovasculares. Estamos hablando de los quesos, la carne, la charcutería, la mantequilla...

GRASAS BUENAS

ÁCIDOS GRASOS INSATURADOS

POLIINSATURADAS

Omega 3   Omega 6

MONOINSATURADAS

Omega 9

Consumir con preferencia y en cantidad equilibrada

GRASAS MALAS

ÁCIDOS GRASOS SATURADOS

ÁCIDOS GRASOS SATURADOS TRANS

Consumir en cantidades razonables

Productos industriales que contienen grasas hidrogenadas que hay que evitar

---

¡Cuidado! Para un uso más sencillo y una mejor conservación, se suelen «hidrogenar» los ácidos grasos insaturados, que son buenos. Estos se transforman entonces en **ácidos grasos saturados trans,** que son perjudiciales para la salud (riesgo de enfermedades cardiovasculares), así que habrá que desterrarlos de nuestra dieta. Hay que leer bien las etiquetas: si aparece «aceite hidrogenado» en la lista de ingredientes, ¡no compraremos el producto!

'Una alimentación que no engorda y que incluso facilita la pérdida de peso

Si los glúcidos que consumimos tienen un IG bajo, la glucosa será absorbida lentamente por la sangre. Por tanto, se utilizará directamente y no se almacenará en forma de grasa. Si comemos menos glúcidos, nuestro cuerpo tendrá que usar más grasas como combustible, lo que favorece la pérdida de peso.

Otra buena noticia: las grasas buenas, consumidas en cantidad normal, no hacen engordar, **ya que nuestro cuerpo las necesita.** Se utilizarán para el cerebro, las células, la fabricación de hormonas... Existe, por tanto, muy poco riesgo de que se acumulen. Además, las grasas sacian más rápido que los glúcidos: no hay que consumir una enorme cantidad para calmar el hambre. ¡Seguro que para saciarnos tendríamos que comer mucha más cantidad de pan blanco que de almendras!

¡La glucosa en exceso es la que hace engordar!

Una alimentación que permite perder peso sin frustración

No existe la frustración, ya que:

• **Podemos comer grasas sin mala conciencia.** Elegiremos, si es posible, el máximo de grasas saludables.

• **Nos saciaremos pronto,** ya que los alimentos con IG bajo normalmente son ricos en fibra y/o en grasas buenas.

• **Tendremos muchos menos antojos.** Cuando comemos con IG bajo, evitamos los picos de insulina y, por tanto, las hipoglucemias reaccionales. El cuerpo ya no sentirá la ausencia del azúcar. Hay que prever al menos tres semanas de abstinencia para notar este efecto.

Anotar

Hay que recordar que podemos consumir todas las proteínas que queramos (carne, pescado, huevos), ya que tienen un IG de cero, como las grasas.

RESUMEN DE LA ALIMENTACIÓN *HEALTHY* CON IG BAJO EN UN PEQUEÑO ESQUEMA:

GLÚCIDOS DE CALIDAD (IG BAJO) + **GRASAS BUENAS** + **PROTEÍNAS** =

y, de manera puntual, algunas grasas malas

• NO TENGO HAMBRE

• NO GANO PESO

O BIEN

• PIERDO PESO SEGÚN LA CANTIDAD DE GLÚCIDOS Y GRASA QUE CONSUMO

LOS BENEFICIOS

La alimentación con IG bajo supone también muchos beneficios que no podríamos imaginar y que nos cambian la vida. Algunos se notan enseguida y otros, con el paso del tiempo. Esto hace que nos motivemos a seguirla.

PÉRDIDA DE PESO

Si favorecemos los glúcidos de IG bajo, conseguiremos nuestro peso ideal, nos desharemos de esos kilos que no conseguíamos perder con otras dietas, sobre todo pasados los 40 años de edad, cuando controlar el peso se vuelve cada vez más difícil.

MENOS ACNÉ

La secreción demasiado frecuente de insulina conlleva una sobreproducción de sebo, así como el engrosamiento de la dermis. Resultado: nuestra piel está más grasa y apagada, ¡lo que favorece la aparición de granos inflamatorios!

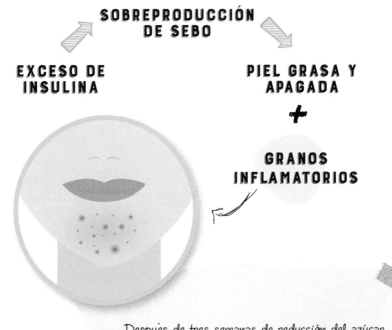

SOBREPRODUCCIÓN DE SEBO

EXCESO DE INSULINA

PIEL GRASA Y APAGADA

GRANOS INFLAMATORIOS

Después de tres semanas de reducción del azúcar, noto un primer efecto nada desdeñable: ¡los granitos de acné que siempre me salían en las mejillas han desaparecido! Estaba desesperada por tenerlos todavía, a mis 40 años, y sí, ¡se acabaron!

UNA PIEL MÁS BONITA QUE ENVEJECE MÁS DESPACIO

Demasiado azúcar conlleva también la «glicación» de las células, **que degrada el colágeno y la elastina de la piel, lo que acelera el envejecimiento.**

 +
AZÚCARES + PROTEÍNAS

Unión de los azúcares
a las proteínas

=

REACCIÓN DE GLICACIÓN

Formación de compuestos
que **alteran el colágeno y
la elastina**

PIEL CANSADA Y MÁS ARRUGADA

La **glicación** es una reacción química por la que los azucares se fijan a los ácidos aminados (proteínas). Esta asociación forma compuestos nocivos que alteran las proteínas.

El **colágeno** y la **elastina** son **proteínas.**

Cuando el **azúcar** se fija sobre ellas, las «vuelve rígidas», las estropea, lo que provoca un envejecimiento acelerado.

Después de algunos meses, noto que mi piel parece más lisa, e incluso me dicen que tengo un aspecto mucho más luminoso.

UNA MEJOR FLORA INTESTINAL

¡Nuestra microbiota será lo máximo si comemos menos azúcar! Se dice que el intestino es nuestro segundo cerebro y no es para menos. En su interior cohabitan bacterias buenas y malas. El equilibrio entre ambas es necesario para tener buena salud (ya que las bacterias malas, en cantidad limitada, también desempeñan un papel importante). ¡Es como si estuviéramos en *Star Wars*!

En resumen, **las bacterias malas** (sobre todo los hongos *Candida albicans*) **se alimentan de azúcar** y **las bacterias buenas, de fibra soluble.** Cuando la flora está desequilibrada «hacia el lado oscuro», la *Candida albicans* prolifera y necesita más azúcar. Resultado: nuestro cerebro pide azúcar. Y esta proliferación nos causará otros problemas (permeabilidad del intestino y riesgo de intolerancia alimentaria, bajada de defensas inmunitarias, candidiasis...).

Si ingerimos menos azúcar y **consumimos suficiente fibra soluble,** las bacterias buenas recuperarán «la fuerza» (¡el retorno del Jedi!). Entonces tendremos menos antojos de azúcar.

ALIMENTACIÓN SANA, CON IG BAJO Y RICA EN FIBRA

Bacterias buenas en gran cantidad } No demasiadas bacterias malas

Equilibrio de la flora intestinal

Menos antojos de azúcar

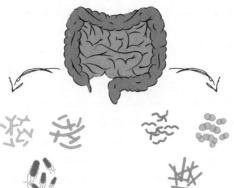

Bacterias buenas que se alimentan de fibras

Bacterias malas que se alimentan de azúcar

ALIMENTACIÓN CON IG ALTO Y POBRE EN FIBRA

Proliferación de bacterias malas } Bajada de bacterias buenas

Desequilibrio de la flora intestinal

Mayor necesidad de azúcar, información enviada al cerebro para alimentar las malas bacterias

---

BENEFICIOS DE LA FIBRA SOLUBLE

La mayoría de alimentos de origen vegetal contienen fibra soluble e insoluble en proporción variable.

Las legumbres y las frutas, así como la avena (copos, salvado y harina), las judías blancas y rojas, la cebada, el trigo sarraceno, entre otros, contienen fibra soluble, **ideal para alimentar la flora, ralentizar la absorción de glucosa en la sangre, facilitar el tránsito intestinal...**

Además, no es irritante, al contrario de lo que ocurre con la fibra insoluble, que puede causar hinchazón si no estamos acostumbrados a consumirla.

Con una flora intestinal al máximo lograremos **un tránsito intestinal fantástico, menos hinchazón, una mejor digestión** y menos enfermedades, ya que una flora equilibrada resulta esencial para favorecer el sistema inmunitario y estar en forma. Con la alimentación con IG bajo consumimos menos azúcar y más fibra, ¡así que es perfecta!

Cuando adopté la alimentación con IG bajo, me di cuenta muy rápidamente de un cambio radical en mi tránsito intestinal. Se acabaron los problemas de estreñimiento y la hinchazón. ¡Me siento en paz con mi vientre!

Personalmente, cada año hago una cura de un mes de probióticos (bacterias buenas) para mejorar mi flora intestinal. Recomiendo empezar la alimentación con IG bajo con una cura para reequilibrar la flora, lo que, probablemente, ayudará también a disminuir un poco el azúcar.

MENOS CANSANCIO, ESTADOS DEPRESIVOS, CAMBIOS DE HUMOR Y ANTOJOS DE AZÚCAR

El azúcar tiene casi el mismo efecto que una droga: el cuerpo pide siempre más. Cuando la glucemia se comporta como una montaña rusa, tenemos un problema. En fase «alta», estamos de buen humor, pero rápidamente descendemos a la fase «baja», durante la cual el cansancio, los cambios de humor y el estrés nos asaltan. Para poder resistir, necesitamos azúcar otra vez. Es un círculo vicioso.

CON UNA ALIMENTACIÓN CON IG ALTO:

TENGO HAMBRE

Tengo ganas de comer lo que sea, siento un bajón, estoy irritable

Consumo alimentos con IG alto (salados o azucarados)

El índice de glucosa aumenta en la sangre
HIPERGLUCEMIA

2 horas

Mi glucemia en sangre cae en picado HIPOGLUCEMIA

Mi páncreas segrega una gran dosis de insulina

El exceso de glucosa se almacena en forma de glucógeno y grasa

CON UNA ALIMENTACIÓN CON IG BAJO TENGO HAMBRE

TENGO HAMBRE

Consumo alimentos con IG bajo (salados o azucarados)

El índice de glucosa en sangre aumenta poco a poco

2 horas

No tengo antojos, estoy en forma y de buen humor

Mi glucemia va descendiendo poco a poco

Mi páncreas segrega una dosis baja de insulina

No hay exceso de glucosa, las células la utilizan directamente

Por tanto, hay que romper el círculo vicioso (el naranja) y entrar en el círculo virtuoso (el verde) y, sobre todo, aguantar, ya que habrá que contar con tres o cuatro semanas para desintoxicarse del azúcar.

Desde que adopté la alimentación con IG bajo, ya no noto bajones a las 11 de la mañana y tengo energía durante mucho más tiempo. Siento que resisto mejor al estrés y duermo mejor. Y lo que todavía me sigue sorprendiendo es que ya no tengo antojos de azúcar como los que antes sufría; es una verdadera liberación. ¡Para creerlo hay que vivirlo!

MENOS RESFRIADOS Y OTRAS ALERGIAS

Optar por la alimentación con IG bajo supone comer mejor y con más fibra. Resultado: nuestra flora intestinal se encuentra de maravilla. Ya sabemos que tiene un papel muy importante en nuestras defensas inmunitarias. El azúcar también es inflamatorio: consumir menos permite, por tanto, tener menos problemas de salud.

Danièle Gerkens, en su libro *Cero azúcar,* cuenta que sus alergias disminuyeron casi un 75% durante su abstinencia de azúcar durante un año.

Normalmente, al principio del otoño y del invierno, siempre me resfrío. Los medios de transporte urbano que utilizo todos los días durante más de dos horas son nidos de microbios y, con un clima caprichoso, no puedo escaparme.
Pero, desde hace dos años, ¡no he tenido nada!

MENOS CARIES

El azúcar provoca ataques ácidos en nuestros dientes y favorece la aparición de caries.

Con la reducción del azúcar tendremos menos caries, nuestros dientes estarán más blancos y menos sensibles.

Personalmente, veo que mis dientes tardan más en mancharse (se acabaron los restos blanquecinos al final del día) y tengo la sensación de tener la boca menos «pastosa».

MENOR RIESGO DE ENFERMEDADES CARDIOVASCULARES

Como ya he contado, cuando comemos demasiado azúcar, el organismo almacena el excedente en forma de grasa, más precisamente, en forma de triglicéridos, grasas malas que **taponan las arterias** (placas de ateromas). Existe también **riesgo de hipertensión** (sobre todo vinculado a la fructosa contenida en el azúcar); la mayoría de los diabéticos tipo 2 son, además, hipertensos.

He notado una pérdida de peso a nivel abdominal, justo donde las grasas malas suelen almacenarse.

MI *balance*
ANTES/DESPUÉS

ANTES

DESPUÉS

 • PESO: 55 KG • PESO: 50 KG

 • UN POCO DE ACNÉ
• PIEL GRANULOSA • PIEL MÁS LISA
Y SIN GRANOS

 • TRÁNSITO INTESTINAL
NORMALMENTE IRREGULAR
• ESTREÑIMIENTO • TRÁNSITO INTESTINAL ESTUPENDO

 • ANTOJOS HACIA LAS 10.30
Y LAS 16.00
• ANTOJOS DE AZÚCAR
DESPUÉS DE LAS COMIDAS
• ENGANCHADA A LOS POSTRES
Y LAS MERIENDAS • AUSENCIA DE ANTOJOS ENTRE LAS
COMIDAS
• MUCHOS MENOS ANTOJOS DE AZÚCAR
• MENOS GANAS DE POSTRES Y
MERIENDAS

 • ESTRÉS
• CANSANCIO
• SUEÑO DE SEIS HORAS • MAYOR CALMA
• MENOS BAJONES
DURANTE EL DÍA
• MEJOR SUEÑO: SIETE HORAS
CADA NOCHE

 • TRES O CUATRO RESFRIADOS
CADA AÑO, DE LOS CUALES,
UNO BASTANTE MALO • A VECES, ALGUNAS FLEMAS
EN LA GARGANTA, PERO QUE
NO DURAN

Todos estos beneficios me motivan para continuar
con la alimentación con IG bajo, sobre todo porque,
pasados los 40, estar en forma y encontrarse tan
bien ¡es todo un lujo!

Al cabo de una o dos semanas

Los **primeros efectos** fueron la **desaparición de mi acné** persistente y una **clara mejora de mi tránsito intestinal** (¡muchas gracias, fibra!)

Al cabo de tres o cuatro semanas

Lo más difícil de gestionar durante este primer mes fueron los antojos de azúcar después de las comidas. Las galletas y el chocolate que tomaba se habían convertido en una costumbre que me servían casi como antiestrés. ¡Una burbuja dulce en una rutina sin descanso!

Por suerte, **estos antojos de azúcar se calmaron al cabo de tres o cuatro semanas.** Ya no me apetecían, y eso que yo era de las que no pueden acabar una comida sin postre y que me encantaban las meriendas. Más tarde, dejé de sentir hambre a partir las 10.30.

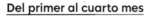

Del primer al cuarto mes

Perdí 1 kilo el primer mes, 2 kilos el mes siguiente y otros 2 kilos los dos meses siguientes (esto corresponde a las fases detalladas más adelante). ¡Con lo desesperada que estaba por perder esos kilos que había cogido durante dos años y de los que no conseguía deshacerme! Había logrado mi objetivo, así que más tarde aumenté las raciones de los platos para no seguir perdiendo peso.

A partir del segundo mes

Otro efecto que noté fue la sensación de estar **más calmada y con menos estrés.** Me di cuenta durante un periodo bastante estresante en el trabajo. Me tomé las cosas con filosofía, me sentía menos sometida a la presión y gestioné mis apretadas agendas con mucha más serenidad que antes. **Mi sueño, más bien medio, también mejoró un poco** ¡y ya no tenía bajones de energía a las 15.00 o a las 18.00!

A partir del tercer mes y en adelante

Al cabo de un año, hice el «balance de enfermedades»: algunas flemas en la garganta que, aunque anunciaran un posible resfriado, desaparecían rápido, ¡y eso es todo! Antes solía padecer de tres a cuatro resfriados cada año con mucho dolor de garganta.

A mi edad, tengo muy en cuenta la importancia de cuidarse. Así que, si puedo envejecer mejor y evitar tomar demasiados medicamentos cambiando solo mi alimentación, ¡merece la pena intentarlo!
Y, sinceramente, disfruto mucho más comiendo ahora que antes.

COMO CON UN IG BAJO A DIARIO

Para comenzar con la alimentación con IG bajo, hay que llenar los armarios y eliminar las malas tentaciones.
Esta es mi lista «tipo» (no exhaustiva).

PARA ESTAR SACIADA
(¡Gracias, fibra!)

• Legumbres
☐ Garbanzos
☐ Lentejas
☐ Judías blancas y rojas
☐ Pochas/Frijoles
☐ Guisantes

• Arroz
☐ Arroz basmati
☐ Arroz integral o salvaje

• Otros cereales
☐ Copos y salvado de avena
☐ Trigo sarraceno
☐ Espelta integral

• Harinas
☐ Harina de trigo integral T150
☐ Harina de cebada descascarillada
☐ Harina de trigo sarraceno
☐ Harina de espelta T150
→ También se pueden probar otras con IG bajo (ver tabla de los IG)

• Pastas
☐ Pasta de trigo integral
☐ Pasta de trigo sarraceno
☐ Pasta de legumbres

• Quinoa

• Oleaginosos 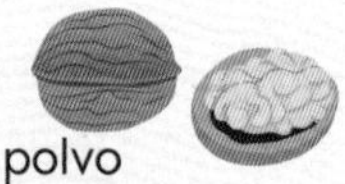
☐ Nueces
☐ Avellanas
☐ Almendras
☐ Almendra en polvo

• Semillas (lino, sésamo, calabaza...)

• Pan y crackers
→ Solo a base de harinas integrales; hay que mirar bien las etiquetas.

> Las dos harinas indispensables para mí:
> harina de trigo T150 y harina de cebada descascarillada.

LÁCTEOS

• Nata (crema) y bebidas vegetales de: 
☐ Avena
☐ Almendra
☐ Anacardo
☐ Soja
☐ Coco

• Yogures
☐ Yogures vegetales
☐ Yogures de leche de oveja
☐ Yogures de leche de cabra

• Quesos

> Me encanta el yogur de leche de coco, que endulzo con fruta o un poco de compota sin azúcares añadidos.

GRASAS

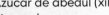

- ☐ Aceites vegetales
- → Los que más uso: aceite de oliva, de colza, de coco (evitar el de girasol porque es inflamatorio)
- ☐ Mantequilla (en cantidad limitada)
- ☐ Cremas de oleaginosos (almendra, avellana, cacahuete, sésamo blanco...)
- ☐ Coco rallado

AZÚCAR

- **• Edulcorantes en cantidad limitada**
- ☐ Azúcar de coco
- ☐ Azúcar de abedul (xilitol)
- ☐ Sirope de agave
- ☐ Miel de acacia
- ☐ Compota sin azúcares añadidos
- **• Chocolate negro con más del 70 % de cacao**
- **• Pequeños caprichos**
- ☐ Galletas a base de harinas integrales y con menos de 15 g de azúcar por cada 100 g
- ☐ Muesli, granola de cereales con menos de 10 g de azúcar por 100 g
- **• Todas las frutas**
- → **Máximo dos al día**

PROTEÍNAS

- ☐ Huevos
- ☐ Charcutería magra (jamón, lomo)
- ☐ Pescados
- ☐ Carnes
- → **Evitar el cordero, es demasiado graso**

Y POR SUPUESTO:

- **• Todas las verduras** (salvo las patatas)
- **• Todas las crudités**
- **• Hierbas aromáticas**
- **• Aguacate, aceitunas**

Y LOS PEQUEÑOS « PLUS » PRÁCTICOS PARA COCINAR:

- ☐ Zumo de limón
- ☐ Tomates pelados en conserva
- ☐ Salsa de tomate y pesto
- ☐ Mostaza antigua
- ☐ Especias
- ☐ Salsas de acompañamiento:
  - • Humus
  - • Guacamole
  - • Tapenade
  - • Ktipiti...

ALIMENTOS QUE HAY QUE EVITAR

El azúcar no es el único alimento que hay que evitar. La glucemia también aumenta cuando comemos algunos alimentos salados. Pero, calma: podremos hacer algunos desvíos después de la fase detox porque también hay que saber darse caprichos. Y también hay alternativas: por ejemplo, si tenemos la tentación de una pizza, siempre podremos hacer nuestra propia masa con una harina con IG bajo.

Aquí hay una pequeña lista (no exhaustiva) de alimentos que debes evitar:

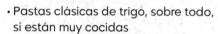

SALADOS

- Preparados a base de harinas blancas (refinadas), como la harina de trigo T45 o T80, la harina de arroz, la fécula de maíz (Maizena®)...
- Pan a base de harinas refinadas
- Pastas clásicas de trigo, sobre todo, si están muy cocidas
- Arroz blanco (menos el arroz basmati), arroz para sushi
- Patatas en cualquiera de sus formas

- Leche y yogures a base de leche de vaca (ver explicación en la página 40)
- Alcohol, sobre todo la cerveza, ¡que tiene un IG de 110!

AZUCARADOS

- Galletas, cereales y pasteles con más de 15 g de azúcar por cada 100 g.
- Cereales inflados
- Bollería
- Azúcar blanco y moreno
- Sodas y zumos de frutas
- Caramelos
- Chocolate con leche y blanco

> Hay que recordar que **el alcohol** frena la eliminación de grasas, retrasa la saciedad y aumenta los antojos de azúcar. Si no podemos evitarlo, optaremos por el vino tinto o el blanco seco, que tienen un IG más bajo.

APRENDER A DESCUBRIR LOS AZÚCARES ESCONDIDOS EN LOS PRODUCTOS INDUSTRIALES

Los azúcares escondidos son:

- Los **ingredientes que terminan en «-osa»**: sacarosa, dextrosa, maltosa, glucosa, fructosa, galactosa, lactosa...
- Los **siropes** de malta, fructosa, maíz, arroz, glucosa...
- Algunas harinas: almidón, fécula, dextrina, maltodextrina...

Hay que recordar que los ingredientes siempre están enumerados en orden decreciente de cantidad.

> No habrá que preocuparse si, por ejemplo, en una salsa se indica que contiene 3 g de azúcar por cada 100 g. Es poca cantidad y sin apenas impacto. Todo es cuestión de cantidad.

En cuanto a **las harinas o los cereales** que figuran en las listas de ingredientes, siempre hay que verificar que **son integrales y con IG bajo.** Por ejemplo, algunos panes que se venden como «pan de centeno», contienen en realidad muy poca harina de centeno y, normalmente, se trata de una mezcla de harina de centeno (1/3) y harina de trigo blanco que es glucémica (2/3).

EJEMPLO CON EL PAN INDUSTRIAL

VALORES NUTRICIONALES MEDIOS	Por 100 g
Energía	840 kJ/200 kcal
Materia grasa	2,6 g
– Ácidos grasos saturados	0,3 g
Glúcidos	34 g
– De los cuales azúcar	3,3 g
Fibra alimentaria	9,7 g
Proteínas	5,2 g
Sal	1,1 g
Fósforo	194 mg
Magnesio	65 mg

Pan integral a base de centeno, avena y cebada.

Ingredientes: Cereales* 55% (harina integral de **centeno*** 49%, copos de **avena*** 3%, copos de **cebada*** 3%), agua, semillas de lino*, sal marina, **semillas de sésamo*,** levadura. *Ingredientes biológicos. Porcentaje expresado según el producto terminado.

PARA ELEGIR BIEN UN PRODUCTO INDUSTRIAL:

1. Mirar la cantidad de azúcares. Siempre productos con <u>poco azúcar.</u> Las galletas deben tener menos de 10-15 g por cada 100 g.

2. Mirar la cantidad total de glúcidos. Si hay muchos (aunque el producto contenga poco azúcar), habrá que <u>verificar su calidad</u> en la lista de ingredientes. ¿Tienen un IG bajo?

3. Mirar la cantidad de fibras. Si hay más de 5 g, es incluso mejor, ya que bajará el IG.

Lo ideal sería mirar también las materias grasas (lípidos): optaremos por productos que contengan el mínimo de ácidos grasos saturados.

En este ejemplo, los glúcidos tienen un IG bajo: harina integral, avena y cebada. Por tanto, este producto es perfecto.

¿CÓMO CONSEGUIRLO CUANDO NO TENEMOS TIEMPO?

Es necesario un mínimo de organización, sin que eso implique tener que dedicarle un montón de horas. Basta con utilizar algunos trucos para ir más deprisa en la cocina e inspirarnos de nuestras lecturas (prensa, internet...) para encontrar rápidamente ideas de platos para toda la semana.

Mis trucos para ganar tiempo

Mi vida, como la de muchas mujeres, es muy activa: el trabajo (llego a casa sobre las 19.00), dos hijos que cuidar (adorables, pero que necesitan mucha atención), sin olvidar la casa y las tareas administrativas. Superar este desafío no era fácil, ¡pero estaba muy motivada! Además, era el mes de junio, durante una época más calmada en mi vida, lo que me dio algo más de tiempo.

Adoptar una alimentación con IG bajo significa cocinar un poco más, pero nos las podemos apañar cocinando un mínimo. Como no soy *wonder woman*, decidí ganar algo de tiempo con estas simples reglas:

Elijamos dos o tres platos con el mismo ingrediente, por ejemplo, la berenjena, que cocinaremos en gran cantidad para guardar para el día siguiente.
Día 1: berenjena rellena.
Día 2: quiche de berenjena.

Recetas **rápidas** durante la semana

Cocinar algunos alimentos el día anterior

Uso de **congelados cortados** (verduras, cebolla, ajo y hierbas aromáticas) y de **conservas** de legumbres

Hacer más cantidad para consumir al día siguiente

También podemos probar el *batch cooking* que consiste en dedicar dos o tres horas del fin de semana para preparar algunos platos de la semana y adelantar la elaboración o la cocción de algunos ingredientes. Personalmente, no me apetece pasarme el domingo en la cocina... Sin embargo, siempre podemos prever un poco para ganar un tiempo precioso a la vuelta del trabajo. Normalmente, preparo al menos un plato para el lunes. Puede ser un plato o simplemente dejar cereales o legumbres cocidas para usarlas al principio de la semana.

GARANTÍA DE ÉXITO: ORGANIZARSE CADA SEMANA

Para conseguirlo, hay que organizarse. Al principio puede parecer forzoso, pero solo es una costumbre que terminaremos por adoptar.

 → Antes de ir a hacer la compra, **pensaremos en ideas de platos con IG bajo** para la semana. Podremos inspirarnos con libros de recetas, en Pinterest o podemos seguir cuentas de cocina *healthy* en las redes sociales. También podemos ir guardando poco a poco recetas que nos apetece hacer y así tendremos varias ideas en el mismo sitio.

 → Si encontramos recetas que nos gustan, pero que no son específicas de IG bajo, siempre podremos modificarlas (ver cómo hacerlo en la página 59).

 → **Anotaremos las ideas de platos en un *planning*** teniendo en cuenta el tiempo del que disponemos cada día para cocinar. Indicaremos también las preparaciones que debamos tener en cuenta el día de antes si es necesario.

 → Haremos **la lista de la compra** en consecuencia y compraremos todos los ingredientes.

El tiempo que dedicamos a elaborar nuestro *planning*, nos lo ahorraremos durante la semana. ¡Se acabó comernos la cabeza cada noche para saber qué preparar al día siguiente!

No hay que olvidar que podremos:

• **Intercambiar las ideas** de comidas de un día a otro, según lo que nos apetezca o lo que tengamos en el frigorífico.

• **Dejar platos que no hayamos hecho** para el fin de semana o para la semana siguiente, en caso de que tengamos restos que consumir o que comamos fuera.

He elegido el sábado por la mañana como el momento en el que decido el menú de la semana.

• Me voy al sofá con mis libros de cocina y las ideas de recetas que he ido guardando en mi móvil.

• Me inspiro y lo apunto en un papel.

• Elaboro mi *planning* semanal en función del tiempo que tendré, según si estaré en casa o no, si llegaré más tarde a casa o no. Anoto las elaboraciones que deberé hacer el día anterior si es necesario.

• Apunto todos los ingredientes que me faltan.

• Voy a hacer la compra.

¡Hay que saber elegir el momento! Necesitaremos 30 minutos o una hora para hacer esta planificación (según el número de platos que tengamos que hacer durante la semana). ¿No tenemos tiempo? ¡Qué excusa tan mala! Basta con no ver la tele un rato durante el día. Al final, tendremos que buscar los platos del fin de semana + cinco ideas de cena.

Para el almuerzo durante la semana, podremos ir utilizando los restos o comer fuera si trabajamos.

ÍNDICE GLUCÉMICO
DE LOS PRINCIPALES ALIMENTOS

IG aproximado para que sea más fácil elegir los alimentos buenos.

HARINAS, FÉCULAS Y SALVADO*	IG
Harina de arroz (refinado)	90
Harina de arroz integral	85
Harina de trigo blanco T45	85
Fécula de maíz (Maizena®)	80
Harina de espelta refinada	65
Harina de castaña	65
Harina de trigo semiintegral T110	60
Harina de avena	50
Harina de trigo sarraceno	45
Harina de Kamut®	45
Harina de trigo integral T150	45
Harina de espelta integral T150	45
Harina de teff	45
Harina de centeno integral T170	40
Harina de escaña integral	40
Harina de quinoa	40
Harina de coco	35
Harina de garbanzo	35
Harina de chufa	35
Harina de lenteja	30
Harina de cebada	30
Harina o almendra o avellana en polvo	20
Harina de soja	20
Harina de altramuz	15
Salvado de avena y de trigo	15

CEREALES Y DERIVADOS*	IG
Baguette blanca	95
Arroz de cocción rápida	87
Tortita de arroz inflado	85
Pan de molde	70
Biscote blanco	68
Ñoquis	68
Polenta	68
Cruasán	67
Sémola refinada	65
Pan de trigo completo	65
Arroz blanco cocido con agua	64
Arroz basmati	55
Bulgur	50
Trigo tipo Ebly®	50
Arroz integral	50
Sémola integral	50
Pan integral	49
Copos de avena	40
Quinoa	40

EDULCORANTES*	IG
Azúcar blanco	70
Azúcar moreno	68
Mermelada	65
Panela, muscovado	65
Sirope de arce	55-60
Miel	35-80
Azúcar de coco	55
Sirope de agave	15
Fructosa	12
Sirope de abedul (xilitol)	7
Estevia	0
Eritritol	0

Cuando empecé a interesarme por el índice glucémico de los alimentos, descubrí muchas harinas que hasta entonces me eran desconocidas. Me han permitido conocer nuevos sabores muy interesantes.

CHOCOLATES*	IG
Chocolate con leche y blanco	50-60
Chocolate negro 70% de cacao	25
Chocolate negro 85% de cacao	20

* CG moderado o alto

LEGUMBRES	IG
Guisantes	40
Judías rojas	40
Judías blancas	35
Garbanzos	35
Lentejas verdes	30
Lentejas rojas	26
Frijoles / Pochas	25
Guisantes secos	22

OLEAGINOSOS	IG
Nueces pecanas	15
Anacardos	15
Cacahuetes	15
Almendras	15
Avellanas	15
Nueces	15
Pistachos	15

VERDURAS	IG
Patatas al horno*	95
Patatas salteadas/fritas*	95
Patatas cocidas*	75
Nabo cocido	80
Apio cocido	80
Habas cocidas	65
Calabaza	65
Castaña*	60
Remolacha cocida	60
Maíz	55
Boniato	50
Zanahorias cocidas	50
Pataca cocida	50
Calabaza moscada	50
Zanahorias crudas	30
Tomates	30
Berenjenas	20

IG igual o inferior a 15:

Ajo, alcachofas, espárragos, aguacates, brócoli, champiñón, coliflor, col roja, pepino, calabacín, chalota, endivias, espinacas, hinojo, judías verdes, cebolla, puerros, pimientos, rábanos, lechuga...

FRUTAS	IG
Dátil*	103
Sandía	75
Melón	65
Plátano muy maduro*	63
Guayaba	63
Cereza	60
Uva negra	55
Papaya	55
Kiwi	50
Plátano poco maduro*	50
Mango	50
Piña	50
Lichi	50
Uva blanca	45
Naranja	40
Manzana	38
Melocotón	35
Ciruela	35
Pera	35
Nectarina	35
Higo fresco	35
Albaricoque	35
Granada	35
Mandarina	30
Fruta de la pasión	30
Pomelo	25
Frutos rojos: fresas, frambuesas, arándanos, grosellas, moras	25

¿Qué hay de la carga glucémica (CG)?

• Todos los cereales y harinas tienen una CG media o elevada. Así que, incluso si el IG es bajo, cuidado con las cantidades en un día.

• Todos los endulzantes tienen una CG elevada (salvo los edulcorantes). Aunque tengan un IG bajo, habrá que consumirlos en cantidad limitada para evitar el hábito de lo azucarado. Además, algunos son ricos en fructosa, de la que no hay que abusar.

• Todas las frutas frescas tienen una CG baja (menos el plátano).

• La mayoría de las verduras tienen una CG baja (salvo la patata y la castaña).

• Las legumbres y los oleaginosos tienen una CG baja.

OBJETIVO: LOS ALIMENTOS

A continuación se presenta información esencial sobre alternativas al azúcar blanco, así como precisiones acerca de algunos alimentos, como el chocolate, el zumo de frutas, la leche, el pan, las verduras y las frutas. Después veremos la importancia de las grasas buenas y de las proteínas en la alimentación con IG bajo.

LAS ALTERNATIVAS AL AZÚCAR

Una alimentación con cero azúcares es difícilmente abordable. Hay que darse caprichos; si no, nos rendiremos rápidamente y el objetivo es mantener esta alimentación con IG bajo toda la vida. Así que, podremos seguir elaborando uno o dos postres caseros cada semana, pero con azúcares naturales u otras alternativas.

El azúcar de coco

El azúcar de coco, normalmente anunciado con un IG de 35, posee, en realidad, una media de 55, así que podremos usarlo en cantidad limitada. Tiene buen aspecto cuando se cocina y contiene vitaminas y minerales. Lo he probado en diferentes pasteles y es perfecto, excepto con los cítricos, con los que no combina bien. Y os lo aseguro: ¡en absoluto sabe a coco!

En conclusión, digamos que es el azúcar menos malo de todos. De todas formas, evitaremos poner más de 50 g en una receta.

La fructosa

Si tenemos en cuenta su IG de 12, podríamos pensar que podemos endulzar todo con fructosa. Por desgracia, los científicos han descubierto que la fructosa en exceso es nociva. Por tanto, la podemos utilizar de vez en cuando en pequeñas cantidades, pero no todos los días.

En grandes cantidades, la fructosa provoca varios efectos negativos:

• Riesgo de resistencia a la insulina **(diabetes).**

• Aumento de los niveles de triglicéridos en la sangre y almacenamiento en el hígado y en el tejido adiposo **(hígado graso, ganancia de peso y riesgos cardiovasculares).**

• Aumento de la producción de ácido úrico (riesgo de **dolores articulares** de gota, **hipertensión**).

FRUCTOSA

No hay aumento de glucemia en la sangre

• Engaña al cerebro sobre la llegada de azúcar – **Desajuste**
• Resistencia a la insulina en caso de exceso – **Riesgo de diabetes**

Llegada al hígado

Transformación en ácidos grasos

La fructosa consumida en exceso favorece también la hipertensión arterial.

Almacenamiento en el hígado – **Riesgo de hígado graso**

Almacenamiento en el tejido adiposo – **Riesgo de sobrepeso, enfermedades cardiovasculares**

Como siempre, **todo es una cuestión de cantidad:** un poco de fructosa será perfecta para endulzar un pastel si evitamos consumir, además, otras fuentes de fructosa (zumo de frutas, frutas, sodas...) y si comemos una cantidad razonable de pastel.

¿Dónde se esconde la fructosa?

Hay fructosa en el azúcar (sacarosa = 1 molécula de glucosa + 1 molécula de fructosa), en las frutas (en cantidad variable según la fruta), en el sirope de agave, en la miel...

El umbral que no hay que cruzar es el de 50 g de fructosa por día. Esto equivale a 2 litros de soda o 1,5 litros de zumo de manzana. Tenemos la impresión de estar muy lejos de cruzarlo, pero en realidad, es fácil sobrepasarlo si comemos varias frutas, pasteles o si bebemos refrescos o zumos en el mismo día.

El sirope de agave

El sirope de agave está mayormente compuesto de fructosa (75% de fructosa y 25% de glucosa), así que tiene los mismos efectos que la fructosa pura y no hay que abusar de él. Su sabor es neutro y su poder endulzante es más alto que el del azúcar. Para sustituir al azúcar clásico, habrá que reducir la cantidad un tercio.

La miel

La miel contiene glucosa y fructosa. Su IG es muy variable según su procedencia y las marcas (está vinculada a la cantidad de glucosa, que varía). Optaremos por la miel de acacia (IG 35), pero siempre con moderación, ya que es rica en fructosa.

¡Escogeremos miel líquida! Mientras más rica en glucosa sea la miel, más sólida será su textura. Una miel líquida tiene, por tanto, un nivel medio de glucosa y un nivel elevado de fructosa.

El sirope de yacón

El sirope de yacón, proveniente de un tubérculo, es interesante, ya que está constituido por fibra soluble, de entre las que destaca la inulina (con sabor dulce, no digerible por nuestras enzimas, pero utilizado por la flora intestinal). Sin embargo, no se encuentra fácilmente y su precio es elevado.

Los edulcorantes, sustitutos del azúcar

Como contienen poca o ninguna glucosa o fructosa, podríamos pensar que es la solución milagrosa. Sin embargo, **no hay que abusar para no fomentar el gusto dulce y los antojos de azúcar.** No hay que olvidar que el objetivo es acostumbrarse a consumir menos azúcar y, no obstante, los edulcorantes fomentan la adicción al azúcar (ay, ¡maldito cerebro!).

De todas formas, siempre podremos darnos el capricho de un rico pastel de vez en cuando y utilizar un edulcorante en lugar de azúcar nos permite disfrutar sin sentirnos culpables. El IG de los edulcorantes es inferior a 10 y podremos usarlos para la elaboración.

¡Cuidado! Algunos edulcorantes son nocivos. Es el caso del aspartamo o del acesulfamo K. Otros edulcorantes también pueden ser perjudiciales para la flora intestinal. Después de varias investigaciones, los edulcorantes considerados «sin peligro» para la salud son, en mi opinión, **la estevia, el xilitol (azúcar de abedul) y el eritritol.** Sin embargo, en grandes cantidades pueden provocar igualmente algunos desórdenes intestinales. Personalmente, uso los edulcorantes de manera muy puntual.

Las frutas

Para endulzar nuestros pasteles, también podemos utilizar compota sin azúcares añadidos o, simplemente, fruta fresca. Esto aportará fructosa y un poco de glucosa, pero en pequeña cantidad, y la fibra ayudará a bajar el IG global.

Habrá que evitar las frutas secas, ya que su IG es muy elevado. Yo no utilizo el azúcar de dátil, por ejemplo.

BREVE RECAPITULACIÓN DE LOS PRODUCTOS AZUCARADOS

Desaconsejo el azúcar moreno, el semirrefinado, el azúcar integral (mascabado...), ya que, aunque contienen minerales interesantes, su IG es demasiado alto.

AZÚCAR ALTERNATIVO	IG	CALORÍAS POR 100 G	RESISTENCIA A LA COCCIÓN RESPECTO AL AZÚCAR BLANCO	PODER ENDULZANTE RESPECTO AL AZÚCAR BLANCO	SABOR
Azúcar moreno, semirrefinado	68	390	Idéntica	Idéntico	Caramelo, vainilla
Azúcar integral, mascabado	65	380	Idéntica	75 g = 100 g de azúcar blanco	Caramelo, regaliz
Sirope de arce	55-60	260	Idéntica	65 g = 100 g de azúcar blanco	Como el azúcar moreno
Azúcar de coco	55	390	Idéntica, ideal para la caramelización	Un poco menos dulce	Caramelo, no combina bien con los cítricos
Miel de acacia	35	300	Idéntica	65 g = 100 g de azúcar blanco	Miel
Sirope de agave	15	310	Idéntica	60 g = 100 g de azúcar blanco	Neutro
Xilitol (azúcar de abedul)	7	240	Idéntica	Idéntico en frío; 30% más dulce si se calienta	Neutro
Sirope de yacón	1	200	Idéntica	25 g = 150 g de azúcar blanco	Caramelo
Eritritol	0	20	Idéntica	Un poco menos dulce	Bastante neutro, regaliz
Estevia	0	0	Hasta los 180 °C no carameliza	1 g = 100 g de azúcar blanco	Regaliz, sobre todo después de la cocción

No hay que olvidar que el azúcar blanco tiene un IG de 70 y aporta 400 calorías por cada 100 g.

Nuestro cuerpo necesita glucosa, es su primera fuente de energía. El día en que comamos un pastel elaborado con un azúcar alternativo, tomaremos menos glúcidos en el resto de comidas.

Lo mejor es **alternar los productos dulces** o combinar dos de ellos en cada receta. Hay que recordar que siempre podremos **reducir las cantidades de azúcar** de todas nuestras antiguas recetas a menos de un tercio: ¡veremos que al final el sabor no cambia tanto!

¿HAY QUE DECIR ADIÓS AL CHOCOLATE?

Por suerte para los chocoadictos, todos los chocolates con más de un 70 % de cacao presentan un IG muy bajo. Mientras más negro sea el chocolate, menos azúcar contiene y es más graso. **¿Pero es grasa buena?**

Los ácidos grasos saturados contribuyen al aumento del colesterol, así que no podemos consumir mucho. Por desgracia, la mantequilla de cacao contiene dos tercios de ácidos grasos saturados. Sin embargo, el chocolate negro no aumenta el índice de colesterol en la sangre. ¿Por qué?

La mantequilla de cacao contiene:

• **Dos ácidos grasos saturados (grasas malas):** el ácido esteárico (en torno a un 34 %) y el ácido palmítico (en torno a un 28 %).

• **Dos ácidos grasos insaturados (grasas buenas):** el ácido oleico (en torno a un 35 %), que es monoinsaturado, y un poco de ácido linoleico (sobre un 3 %), que es poliinsaturado.

Al contrario que otros ácidos grasos saturados, **el ácido esteárico no aumenta los niveles de colesterol,** ya que se transforma rápidamente en el organismo en ácido oleico (monoinsaturado).

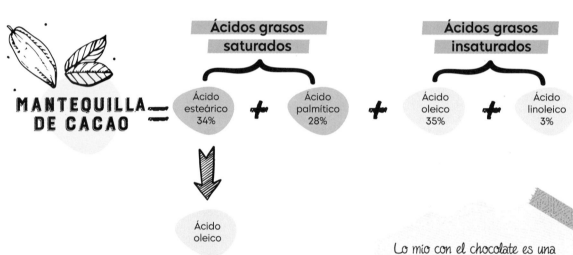

Gracias a esta transformación del ácido esteárico, la manteca de cacao se une a las materias grasas ricas en ácido oleico, como el aceite de oliva. Además, el chocolate negro es rico en antioxidantes como los **flavonoides,** entre los que destacan la catequina y la epicatequina, reconocidas por sus beneficios cardiovasculares. También contiene **minerales** como magnesio y fósforo, así como potasio, hierro, zinc e incluso **vitaminas,** sobre todo, del grupo B. ¡Cuántas buenas razones para comerlo!

Lo mío con el chocolate es una gran historia de amor. ¡Ni un día sin él! Antes me encantaba el chocolate con leche, así que el cambio no fue sencillo. Pero poco a poco me acostumbré. Probando diferentes chocolates de orígenes distintos, encontré los que más me gustaban de los que me convenían. Un día volví al chocolate con leche: no lo disfruté como antes, no era lo suficientemente fuerte. Así que, ¡una se acostumbra a todo!

¿QUÉ PAN ELEGIR?

Escogeremos un pan a base de harinas con IG bajo, que encontraremos fácilmente en la sección bío del súper en envases de plástico, o pedir a nuestro panadero un pan de harina integral. También podemos hacer nuestro propio pan el fin de semana y congelarlo para varios días (ver las recetas de pan en las páginas 118-119).

El pan es rico en glúcidos y presenta una carga glucémica moderada, pero debemos tener cuidado con las cantidades, sobre todo, si lo comemos junto con otros feculentos, aunque tengan IG bajo.

Además del pan clásico, hay tostadas y crackers de harina integral, normalmente con semillas, una alternativa interesante y sabrosa.

LA IMPORTANCIA DE LAS GRASAS BUENAS

Aunque todas las grasas tienen un IG de cero, es importante limitar las grasas malas (grasas animales) para evitar episodios inflamatorios y su almacenamiento en el tejido adiposo.

Los buenos ácidos grasos son nuestros amigos (ver la página 17), son esenciales para nuestro organismo y se «quemarán» de manera más fácil que las grasas malas. Asimismo, nos protegerán de las **enfermedades cardiovasculares.** Los mejores los encontramos en la grasa que contienen los oleaginosos y los aceites vegetales, sobre todo, el aceite de oliva, el de colza, de lino, de nuez...

Otra ventaja: **calman nuestras ganas de azúcar** al principio de la desintoxicación y harán que el IG global de nuestras comidas baje.

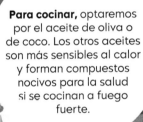

Para cocinar, optaremos por el aceite de oliva o de coco. Los otros aceites son más sensibles al calor y forman compuestos nocivos para la salud si se cocinan a fuego fuerte.

Algunas fuentes de grasas buenas:

• Aceite de primera presión en frío (oliva, colza, lino...)

• Oleaginosos o crema de oleaginosos (almendra, avellana, nuez...)

• Aceitunas

• Aguacate

• Semillas (lino, chía, cáñamo...)

• Germen de trigo

• Huevos

• Hígado de bacalao

• Pescados grasos (sardina, caballa, salmón, arenque...)

Elegiremos los pescados pequeños, menos contaminados por los metales pesados que los grandes.

LA IMPORTANCIA DE LAS PROTEÍNAS

Ingerir más proteínas calmará nuestras ganas de azúcar y nos saciará. El IG de nuestros platos también bajará gracias a ellas.

Fuentes vegetales de proteínas:

- Legumbres (soja, lentejas, garbanzos, judías blancas...)
- Tofu
- Semillas germinadas de alfalfa
- Algas (por ejemplo, la espirulina)
- Semillas (cáñamo, calabaza, chía...)
- Oleaginosos (cacahuetes, almendras, pistachos, nueces...)
- Cereales (espelta, quinoa, trigo sarraceno, salvado de avena...)

Fuentes animales de proteína:

- Carnes poco grasas (carne blanca, jamón, beicon...)
- Carnes rojas con un 5 % de materia grasa
- Pescados y crustáceos
- Huevos (bío si es posible)
- Queso, yogur

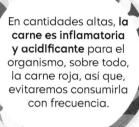

En cantidades altas, **la carne es inflamatoria y acidificante** para el organismo, sobre todo, la carne roja, así que, evitaremos consumirla con frecuencia.

A PROPÓSITO DE LOS LÁCTEOS

• La leche contiene un tipo de azúcar en cantidad limitada, la lactosa, así que tiene un IG bajo de 40. Podríamos pensar que consumir leche no entraña riesgos para la glucemia. Por desgracia, la leche de origen animal **contiene proteínas y hormonas que estimulan la secreción de insulina,** en principio, para favorecer el crecimiento del ternero. Esta respuesta insulínica es menor en el caso de la leche de cabra o de oveja si la comparamos con la leche de vaca, ya que el cabritillo o el corderito tienen una ganancia de peso menor que la del ternero. Un cabritillo o un corderito pasa de los 14 kg a la edad de dos meses a los 50 kg en edad adulta, mientras que un ternero pasa de los 40 kg en su nacimientos ¡a los casi 800 kg en edad adulta!

Las **bebidas vegetales** no tienen este inconveniente, de ahí la importancia de cambiar o de variar las fuentes.

Mis bebidas vegetales preferidas: leche de coco y de almendra, bebida de anacardo y de avena.

• En cuanto a los yogures o el queso fresco también **elegiremos los elaborados a base de bebida vegetal o de leche de cabra o de oveja.**

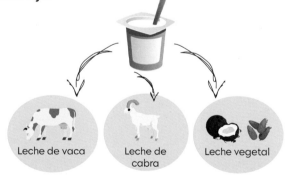

Leche de vaca   Leche de cabra   Leche vegetal

Buenas noticias para los intolerantes a la lactosa: los quesos curados casi no la contienen. Podrán comer el que más les guste, incluso parmesano, comté, beaufort, emmental, raclette, azul, fourme, reblochon... incluso mozzarella.

• **¿Y los quesos?** Como las hormonas y proteínas responsables de la estimulación de insulina se encuentran en el lactosuero, evitaremos el suero que queda en el fondo del envase. De todas maneras, tranquilos: en el caso de los quesos curados de leche de vaca, el lactosuero se escurre y se quita, así que se puede consumir sin ningún riesgo.

LAS VERDURAS

La mayoría de las verduras poseen un IG bajo, incluso muy bajo, salvo la calabaza, las castañas y algunas cuyo IG aumenta con la cocción: las zanahorias, las habas, el apio, la remolacha, el nabo. Sin embargo, casi todas estas verduras tienen una carga glucémica (CG) baja, así que podrán consumirse en pequeñas cantidades.

Únicamente **hay que evitar las patatas en todas sus formas,** ya que tienen un UG y una CG alto. Lo mismo ocurre con las castañas. ¡Las reservaremos para algunas ocasiones especiales!

LAS FRUTAS

Buenas noticias: **podemos comer todas las frutas**, aunque respetando algunas reglas:

• No más de dos raciones diarias para evitar demasiada fructosa-glucosa en un solo día.

• Evitaremos las frutas secas, ya que su concentración de azúcar es elevada (uvas pasas, dátiles...).

• Evitaremos las frutas en almíbar o las lavaremos para eliminar el almíbar, tan rico en azúcares.

Algunas frutas frescas habría que consumirlas nada más que en pequeñas cantidades (ver la tabla de la página 33). Este es el caso de la sandía, el melón, las cerezas negras y la guayaba. De hecho, su IG es alto, pero tienen una CG baja, es decir, que habría que comer mucha cantidad para experimentar una fuerte subida de la glucemia. Evitaremos comer dos piezas de esta categoría el mismo día.

Para no consumir demasiada fructosa, **nos limitaremos a dos frutas por día.**

El caso del plátano. Cuando está muy maduro, presenta un IG de 63 y una CG media, así que habrá que tomar poca cantidad. También podremos mezclarlo con otros ingredientes con IG bajo para reducir el IG total (por ejemplo, en un bizcocho sin azúcar con salvado de avena). Elegiremos el plátano verde o simplemente amarillo, cuyo IG es más bajo (en torno a 50).

¿Y los zumos de frutas?

Solemos pensar que beber un zumo de frutas es bueno para la salud y que es igual que comer fruta. Por desgracia, no tiene en absoluto el mismo impacto sobre nuestra glucemia. **¿Por qué?**

• **Un vaso de zumo de fruta corresponde a tres frutas,** es decir tres veces más de fructosa que en una sola pieza entera (rara vez comeremos tres manzanas, pero podremos beber un zumo de manzana sin problema).

• **El zumo no contiene fibra** o tiene muy poca comparado con la pieza de fruta, así que su IG aumenta drásticamente. Como ya he dicho, la fibra impide que la glucemia suba demasiado.

Conclusión: ¡comamos frutas enteras en lugar del zumo!

Trucos E información

ESPECIAL IG

El IG de un alimento varía según diferentes parámetros, como **la manera de prepararlo o de cocinarlo, su acompañamiento...**

Las pastas cocidas al dente tienen un IG más bajo que las pastas demasiado cocidas. Pero para un IG realmente bajo, habrá que elegir pastas integrales o pastas de lentejas, trigo sarraceno, de guisantes, de garbanzos...

Las grasas, la fibra y las proteínas hacen bajar el IG de un plato. Asociándose a los glúcidos, ralentizan su digestión. Si caemos en la tentación de comer patatas (IG alto), las mezclaremos con verduras, un chorrito de aceite de oliva y un pescado, por ejemplo, para que su IG total baje.

Comer las féculas frías, como las patatas, el arroz o las pastas, baja su (IG (fenómeno de «degelificación» de la amilopectina; ver página 13).

Si queremos **disfrutar de un momento dulce,** elegiremos la merienda, cuando el cuerpo tiene un descenso de la energía. ¿Qué alimentos elegir? Chocolate negro, oleaginosos, frutas, compota sin azúcares añadidos o un pastel hecho en casa (endulzado con frutas o azúcares alternativos).

La cocción al vapor lento o el hervido de feculentos hace aumentar menos su IG que una cocción en inmersión en el agua (ya que el proceso de gelificación del almidón será menos notable).

La cocción aumenta el IG de algunos alimentos (zanahoria, remolacha, avena...).

El arroz de sushi tiene un IG alto, y con el vinagre de arroz añadido ¡sube aún más! En un restaurante japonés, optaremos por los sashimis.

El arroz basmati tiene un IG más bajo que el arroz blanco, ya que es más rico en amilosa. **El arroz integral** también tiene un IG más bajo, gracias a sus fibras.

Inflar un cereal aumenta su IG.

El alcohol tiene un IG alto, así que evitaremos o disminuiremos drásticamente su consumo.

El limón, el vinagre, la masa madre del pan y la canela hacen que el IG de un plato descienda.

El coco, la vainilla y la canela recuerdan a nuestro cerebro sabores dulces. Podremos utilizarlos para reemplazar o limitar el azúcar.

¡ME LANZO!

Es aconsejable empezar a abandonar el azúcar durante un periodo de poco estrés, cuando disponemos de más tiempo para nosotros. El proceso de dejar el azúcar consta de tres fases. La primera está enfocada a la desintoxicación; es la más difícil, pero solo dura un mes. La segunda fase facilita la pérdida de peso (si es uno de los objetivos), y la última consiste en estabilizar el peso y consolidar los buenos hábitos adquiridos.

FASE 1: LIBERARSE DEL AZÚCAR (1 MES)

Es importante señalar que **el objetivo de esta primera fase es reducir el azúcar,** no perder peso, aunque seguramente se pierda un poco. No hay que sentir hambre; por eso, durante este periodo consumiremos suficientes grasas para calmar los antojos.

> Empecé a documentarme sobre el azúcar en abril de 2019 y comencé a dejarlo el 1 de junio de 2019. Era un momento más tranquilo en el trabajo, hacía buen tiempo y las frutas y verduras me apetecían mucho más. Las vacaciones de verano estaban cerca y tenía más tiempo.

ELIMINAMOS:

• Las bebidas azucaradas:

refrescos, zumos de frutas y también el alcohol.

• El azúcar blanco, moreno e integral,

→ que reemplazaremos por azúcares alternativos en pequeñas cantidades (ver páginas 34-37) para nuestros pasteles o yogures.

• Los postres, cereales, galletas muy azucaradas, chocolate con leche...,

→ que sustituiremos por oleaginosos, chocolate negro con más del 70% de cacao, compotas sin azúcares añadidos, frutas, cereales y galletas poco azucaradas y con IG bajo.

• Las preparaciones a base de harinas refinadas,

sobre todo la harina blanca de trigo ¡que está por todas partes! ¡Es muy importante leer las etiquetas de los productos que compramos!
→ Las sustituiremos por alimentos hechos con harinas con IG bajo o integrales.

• Las patatas, el arroz blanco (salvo el arroz basmati) y las pastas tradicionales.

Mi experiencia
EN LA FASE I

Es la más difícil, ¡pero es esencial!

DÍA I:
HACER LA COMPRA Y
REORGANIZAR LA COCINA

1 Me voy a hacer la compra para disponer de todo lo que necesito. He hecho una lista el día anterior para no olvidarme de nada (ver mi lista en las páginas 26-27).

- Empiezo por **tres tipos de harina:** trigo T150, trigo sarraceno y cebada.

- Como **productos edulcorantes,** compro sirope de agave, xilitol y azúcar de coco.

- Con las **galletas y los cereales,** paso 20 minutos en la sección bío examinando etiquetas y por fin consigo dos paquetes de galletas poco azucaradas, un paquete de cereales tipo granola y mueslis con IG bajo.

- Me hago con varias **tabletas de chocolate** negro con más del 70% de cacao, de diferentes marcas, para ver si encontraba una que me gustara para reemplazar mi cita diaria con el chocolate con leche.

- Compro **tarros de cristal** para organizar mis oleaginosos, semillas y cereales con IG bajo. También me compro un **montón de especias** (comino, curry, cilantro, cúrcuma, pimentón, canela, diferentes variedades de pimienta...).

- Termino con varias latas de **legumbres** (lentejas, judías blancas y rojas, frijoles/pochas, garbanzos...) y **natas y bebidas vegetales** (de avena y de coco para empezar).

2 Reorganizo la cocina.

- **Quito la harina blanca de trigo, el azúcar blanco y moreno** para colocar mis nuevos productos.

- Para los desayunos y meriendas, **organizo un cajón para mi marido y mis hijos y otro para mí** porque al principio no quise cambiar demasiado sus hábitos; primero tenía que superar mi propio desafío. Para no tener demasiadas tentaciones, elegí para ellos los dulces y galletas que me gustaban menos.

- Colgué **una pequeña estantería para mis botes de oleaginosos y semillas** y mi plan de alimentación para no olvidarme de nada.

Eliminar el alcohol me resultó sencillo porque no me gusta demasiado y en cuanto a las bebidas azucaradas también fue fácil eliminarlas porque apenas las consumía. Sin embargo, **no llevaba muy bien beber solo agua,** así que tomaba té e infusiones aromatizadas, o añadía un poco de zumo de limón al agua de vez en cuando.

Como **no suelo beber demasiado,** decidí que también debía tenerlo en cuenta y planificar una adecuada ingesta de líquido para no olvidar hidratarme y favorecer el efecto de la fibra en el tránsito intestinal:

- **Desayuno:** un bol grande de té
- **A media mañana:** una taza de té o infusión
- **A mediodía:** un vaso grande de agua
- **En la merienda:** una taza de té o infusión
- **Por la noche, después de cenar:** una taza de infusión

TRUCOS ANTITENTACIONES

Si tenemos ganas de azúcar con el café o con el té, lo sustituiremos por un poco de estevia o miel de acacia y, después, iremos disminuyendo la cantidad poco a poco hasta no poner nada. Probé esta técnica con mi hijo (té de melocotón con un poquito de miel) y al cabo de 15 días ya no necesitaba edulcorantes. Para ir variando los sabores, también es muy buena opción añadir zumo de limón y/u hojas de menta en el agua.

En cuanto al alcohol, reservaremos una copa para ocasiones especiales y optaremos por alcoholes con IG bajo, como, por ejemplo, el vino tinto en lugar de cerveza.

ELIMINAR EL AZÚCAR BLANCO O INTEGRAL Y LOS POSTRES DEMASIADO AZUCARADOS

1 Empecé por suprimir el azúcar de mis yogures.

Antes, comer un yogur sin azúcar me resultaba imposible.. Para ir poco a poco, empecé cambiando el azúcar por estevia o compota sin azúcares añadidos y, más tarde, por una fruta. Ahora, ¡incluso me gustan los naturales!

2 Luego dejé las «guarrerías azucaradas» de después de las comidas (lo más difícil para mí).

Pues sí, por las noches entre semana, mi debilidad era el chocolate con leche o las galletas después de cenar. Para lograr mi objetivo, **decidí seguir comiendo alguna cosita para no frustrarme demasiado, pero en versión IG bajo:** dos cuadraditos de chocolate negro con el 70% de cacao, **O** una o dos galletas con IG bajo, **O** una tacita de granola con IG bajo.

De esta manera, evitaba caer en la tentación, aunque confieso que al principio no me parecía tan rico como mis antiguas galletas. Pero era mejor eso que nada y, además, una termina por acostumbrarse y al cabo de un mesecito iba mucho mejor. ¿Y sabéis qué? ¡Que me gusta mucho más ahora!

3 Para terminar, dejé el azúcar blanco o moreno de los postres que hacía en casa.

Personalmente, me encanta hacer un pastel o cocinar crepes o gofres los fines de semana. Hacerlo sin azúcar era un verdadero reto, pero estaba muy motivada y tenía muchas ganas de poder mantener ese pequeño placer semanal sin sentimiento de culpa. Por eso, probé diferentes tipos de harina y productos edulcorantes. Buenas noticias: ¡los pasteles en su versión IG bajo están riquísimos!

Me di cuenta de dos cosas:

• La cantidad de azúcar indicada en las recetas tradicionales es exagerada. Bajar un tercio esa cantidad, no cambia demasiado el resultado.

• El chocolate y las frutas son productos azucarados por naturaleza, por lo que podemos reducir la cantidad de azúcar e, incluso, no añadir nada en nuestras recetas.

Para los pasteles que hago en casa, opté por azúcares alternativos en pequeñas cantidades y harinas con IG bajo. Empecé adaptando mis recetas favoritas: algunas no me salían bien al principio, pero luego encontré las proporciones adecuadas. Ahora, invento nuevas recetas con facilidad y ¡me encanta esa parte creativa!

TRUCOS ANTITENTACIONES

Demasiada frustración conduce al desistimiento, por lo que también debía encontrar soluciones para evitarlo. Como yo, busca tus alimentos antifracaso: chocolate negro con más del 70% de cacao, granola integral, galletas con menos del 10% de azúcar o semillas oleaginosas (ojo con la cantidad).

Consejo: después de un plato salado, espero un poco antes de tomar mi postre mientras recojo la mesa y la cocina: esto ayuda a calmar los impulsos dulces (¡el cerebro ha tenido tiempo de recibir la información de que el estómago está lleno!).

TRUCOS ANTITENTACIONES

Es imposible afirmar que nunca más comeremos pasteles, así que, para darse un capricho sin sentir culpa, comer dos porciones de un pastel casero por semana en versión IG bajo nos permite, además, evitar la frustración.

SEMANA 3:
PASAR A ALIMENTOS SALADOS CON IG BAJO

1 <u>Aumenté mi consumo de legumbres y verduras crudas.</u>

Me gustan mucho las verduras, pero no siempre tengo tiempo para pelarlas, cortarlas y cocinarlas. En realidad, es un poco excusa porque, a veces, en cocer pasta o hacer una pizza se tarda lo mismo. Así que, para conseguirlo, **entre semana optaba por verduras precocidas o congeladas.** Para que a mi marido y a mis hijos les gustaran, les ponía un poco de salsa de tomate, especias, un poquito de nata vegetal y/o un toque de queso; esto las hace mucho más apetecibles de manera muy fácil (ver mis trucos en la página 54).

2 <u>Elegí feculantes buenos, pero limitando la cantidad.</u>

Me reconcilié con las legumbres, que hasta entonces consumía poco. Son superalimentos que se han convertido en indispensables para mí, que sacian y no engordan.

De vez en cuando, tenía ganas de comer pasta o pizza..., así que, seguí haciéndolo, pero en sus versiones con IG bajo y en cantidad reducida. Solo cambié las harinas refinadas por harinas con IG bajo en los pasteles salados y en las masas de tarta o pizza. Para esto también tuve que hacer un montón de pruebas, pero conseguí encontrar muy buenas alternativas. Asimismo, cambié las pastas tradicionales por las de legumbre o trigo sarraceno. La pasta de trigo sarraceno está riquísima y les encanta a mi marido y a mis hijos. Y por último, en cuanto al arroz, siempre es integral o basmati.

MES I: BALANCE

El primer mes ha sido el más difícil, pero ¡ha valido la pena aguantar! **Os aconsejo no hacer ninguna excepción con vuestros objetivos,** ya que se trata de la fase más importante en el abandono del azúcar.

Para no caer en la tentación: hay que comer alimentos saciantes y grasas buenas. En mi caso, es lo que de verdad me ayudó a conseguirlo. Os recuerdo que el objetivo de la fase 1 no es perder peso, sino disminuir radicalmente el consumo de azúcar y de harinas blancas.

En mi báscula, - 1 kg. Puede parecer poco, pero no me sobraba demasiado peso cuando empecé y, para calmar mis antojos, compensaba mucho con chocolate negro, avellanas, almendras y nueces. Tengo amigos que han perdido más, de dos a tres kilos.

Lo más importante es lograr el abandono de azúcar. ¡Victoria! Mis antojos de azúcar después de la comidas disminuyeron drásticamente.

Es bueno saberlo

Si teníamos costumbre de consumir mucho azúcar o platos salados a base de harinas blancas, podemos alargar esta fase e ir más despacio. En este caso, podemos prever una duración de 45 días.

TRUCOS ANTITENTACIONES

Para no caer en la tentación de un enorme postre, nuestro plato principal tiene que ser saciante. Con ese fin añadiremos legumbres o cereales con IG bajo (quinoa, trigo sarraceno, cebada...) y ricos en fibra. No hay que olvidar los alimentos ricos en grasas buenas (aguacate, sardinas, aceitunas, oleaginosos, aceite...) e incluso algunas grasas malas (charcutería, queso), pero en cantidades limitadas.

FASE 2: PERDER PESO HASTA ALCANZAR EL OBJETIVO

Ahora que nos hemos liberado del azúcar, podemos afrontar la pérdida de peso, si ese es el objetivo.

• **Continuaremos con las mismas restricciones que en la fase 1.**

• **Reduciremos un poco las grasas, sobre todo las de origen animal (queso, carne, leche, mantequilla, nata, charcutería...).**

Cuidado, al contrario de lo que ocurre con otras dietas, **el objetivo no es reducir la grasa de manera drástica,** ya que las grasas buenas son indispensables y nos ayudarán a saciarnos (¡bien por los oleaginosos, el aguacate y las natas vegetales!).

• **Reduciremos la cantidad de glúcidos y optaremos por alimentos con un IG muy bajo, inferior a 40.**

Seguiremos consumiendo feculantes, pero con un IG muy bajo y siempre en pequeñas cantidades. A continuación, limitaremos al máximo los postres y no comeremos más de dos piezas de frutas al día.

Idea

Optaremos por legumbres que tengan un IG incluso más bajo que el de los cereales.

¡Atención! No perderemos 3 kilos por semana como en una dieta adelgazante restrictiva. Perderemos peso despacio, pero de manera duradera, y así evitaremos el efecto yoyó.

La duración de esta fase dependerá de nuestro objetivo de pérdida de peso. Algunas personas adelgazarán más rápidamente que otras, incluso se podría producir un estancamiento según lo rigurosos que seamos. Lo importante seguirá siendo perder peso sin frustraciones para poder aguantar con el paso del tiempo.

No vamos a pesarnos a diario, con hacerlo una o dos veces por semana será suficiente para comprobar la pérdida de peso. Si nuestro peso no varía después de dos semanas, habrá que revisar las cantidades.

Si resulta demasiado difícil, siempre podremos volver a la fase 1 durante algún tiempo antes de intentar afrontar de nuevo la fase 2.

Al principio, no me atrevía a comprar botes de salsas porque todas contienen azúcar. Pero, después de un tiempo, me di cuenta de que era bastante difícil de gestionar: no siempre tenía tiempo para hacerlas yo misma. Así que, una vez que ya estaba en la tienda, comparé diferentes salsas y elegí las que tenían menos cantidad de azúcar.

Mi experiencia
EN LA FASE 2

En mi caso, esta fase duró tres meses.

1 Seguí la fase 1, pero reduciendo los glúcidos.

En cuanto al azúcar, dejé las galletas y la granola, incluso las de IG bajo, pero me quedé con el chocolate negro con el 85% de cacao y algunas avellanas por la noche.

Con los feculentos, opté por legumbres que evitan tener hambre y que, al contrario de lo que se ha dicho siempre, no engordan realmente (recordad que es gracias a su almidón específico, la amilosa, y a su fibra). También reduje las elaboraciones a base de harinas, incluso con IG bajo (una o dos veces por semana, no más).

2 Eliminé la leche y los yogures de leche de vaca.

Como ya expliqué, la leche de vaca puede estimular la segregación de insulina, así que opté por bebidas y yogures vegetales.

Al principio, solo utilizaba leche para algunas recetas (pasteles, crepes, tortitas...), pero nunca para beber. Así que solo tuve que reemplazarla por una bebida vegetal neutra (espelta, avena, anacardo) y, sinceramente, ¡nadie notó la diferencia!

No me gustaron los yogures de soja, pero los de coco me encantaron: ¡como uno cada día! También probé los lácteos de cabra y de oveja y están deliciosos.

3 Disminuí las grasas malas sin suprimirlas del todo.

Me encanta el queso, así que ni hablar de dejarlo, aunque lo como menos. Se acabó el queso con pan y ya solo lo uso en algunas recetas para darles un toque más apetitoso. Un poco de feta, mozzarella, parmesano, queso azul, reblochon... ¡Cambia por completo una ensalada o un gratinado!

4 Me quedé con las grasas buenas en cantidad razonable (aguacate, humus, pescados grasos, oleaginosos...).

En general, todo se había vuelto más sencillo porque empezaba a acostumbrarme y, además, era el principio de las vacaciones, así que me organizaba apuntando ideas de platos y aprovechaba las frutas y verduras de temporada. Me preparaba platos apetecibles, ensaladas con colores vivos, algunas salsas ricas (ver páginas 120-123) para una comidas sabrosas (humus, guacamole...) y siempre añadía especias para dar a los platos más sabor. En resumen, ¡me daba el placer de comer rico!

MES 4: BALANCE

Los resultados eran evidentes, los beneficios se notaban (mejor tránsito intestinal, fin de los antojos de azúcar, piel más luminosa, menos cansancio...); todo esto me motivaba y me animaba a seguir.

Al final del segundo mes me había librado de otros dos kilos sin frustración.

Al final del cuarto mes había perdido otros dos kilos, pero decidí dejarlo ahí porque no tenía sobrepeso.

Tengo amigos que han perdido 10 kilos en cuatro meses ¡sin ninguna frustración!

FASE 3: ESTABILIZARSE

Podemos **reintroducir un poco más de grasa y glúcidos** que los que teníamos en la fase 2, pero siempre con un IG bajo. Una vez que nos hemos desintoxicado del azúcar, **podemos permitirnos algunos desvíos con alimentos con un IG más elevado una vez a la semana.** Por ejemplo, si nos invitan a casa de unos amigos, podemos tomarnos una copa de vino, algunas patatas o un postre.

En general, nos daremos cuenta de que picoteamos mucho menos que antes. En mi caso, ya no lo hago, y eso que era una verdadera golosa, pero ahora los pasteles y las galletas me resultan demasiado dulces, incluso empalagosos.

Si caemos en la tentación de un alimento salado con IG alto, patatas, por ejemplo, lo combinaremos con alimentos ricos en fibra, como las legumbres. Esto compensará y bajará el IG del plato.

Veremos cómo cambian nuestros gustos. Optaremos por alimentos menos dulces, ¡mejor con semillas, fibra o especias! Tras una desintoxicación de azúcar, recuperaremos los verdaderos sabores de los alimentos que habían estado escondidos por el azúcar.

Podremos tomar al menos **dos postres «placenteros» a la semana,** pero siempre con azúcares alternativos y harinas con un IG bajo.

¿Y si recuperamos peso? Volveremos a la fase 2 durante una semana; debería bastar para regular el peso.

HAY QUE RECORDAR QUE si queremos perder más peso, podemos ir alternando las fases 2 y 3 y hacerlo poco a poco.

Mi experiencia EN LA FASE 3

Volví a mi alimentación del final de la fase 1, es decir, **reintroduje más feculentos con IG bajo** (arroz basmati, pasta de trigo sarraceno...) **y grasas buenas** (oleaginosos, pescados grasos, aceites). Aún, de vez en cuando, **tomo alguna merienda con IG bajo:** pasteles que hago en casa, chocolate negro + avellanas, granola...

¡Lo que más me sorprende es que tengo la impresión de comer más que antes! He reemplazado todas las calorías «vacías» nutricionalmente a base de azúcares por calorías útiles.

Mis gustos han cambiado, las galletas de antes ya no me gustan y disfruto mucho más con la comida salada. También tengo la sensación de que los sabores se han multiplicado, porque antes el azúcar los escondía.

A veces **me salto la dieta** cuando me invitan o cuando tengo muchas ganas de algo, pero siempre en pequeñas cantidades y no muy a menudo (una vez por semana). Alguna vez he engordado 1 kilo en un fin de semana de muchos compromisos, pero con volver a la fase 2 ¡el kilo desaparecía a la semana siguiente!

A PARTIR DEL MES 5: BALANCE

Mi peso era estable y me sentía genial. Todos los beneficios que conté antes eran más que evidentes y me confirmaban que, con más de 40 años, había tomado la decisión correcta.

¿QUÉ **como** EN UN **día?**

Para ayudaros a organizaros mejor, a continuación,
os muestro cómo es un día normal,
con algunos consejos que sigo de manera general.

Mañana

UN DESAYUNO SACIANTE, rico en fibras, con:

- Muesli casero con copos crudos de cereales (avena, cebada, trigo sarraceno...), avellanas, almendras, coco, virutas de chocolate negro, copos 100% de trigo sarraceno, semillas trituradas de lino y cáñamo.

- Un té sin azúcar.

> **Ver otras ideas de desayuno en la página 58.**

En mi caso, ¡por la mañana tengo mucha hambre! Y como me levanto temprano y tengo que aguantar hasta el mediodía, mi desayuno a base de cereales con IG bajo tiene que ser muy saciante.

Mediodía y noche

ALIMENTOS SALADOS

1 FECULANTE en la comida y la cena. Legumbres o cereales con IG bajo.

Al menos, 1 PROTEÍNA al día. Huevo, jamón, proteínas vegetales de las legumbres, un poco de queso. **De vez en cuando:** pescado o carne (no muy grasa).

LEGUMBRES a mediodía y/o por la noche.

Al menos, 1,5 l de bebida. Agua, té, infusión, a veces café, pero sin azúcar.

VERDURAS CRUDAS a mediodía y por la noche.

PARA EL SABOR
• Especias, semillas, hierbas aromáticas, oleaginosos.
• Cremas de acompañamiento: humus, ktipiti, pesto, caviar de berenjena, guacamole, tapenade... (ver recetas en páginas 120-123).

Como soy flexitariana, me importa más la calidad que la cantidad de carne o pescado. Tomarlos dos o tres veces por semana me es suficiente, pero se puede comer algo más. También me encantan los huevos y los cocino a menudo.

¡MUY IMPORTANTE! Hacer una sola comida (a mediodía o por la noche) **con feculantes** (cereales con IG bajo o legumbres), ya que no hay que tomar demasiados glúcidos durante el día, aunque tengan IG bajo.

De hecho, si he comido demasiados el día anterior, programaré comidas limitadas en glúcidos para todo el día siguiente.

COMBINACIONES BAJAS EN GLÚCIDOS	COMBINACIONES MÁS ALTAS EN GLÚCIDOS
Legumbres + carne o pescado	Verduras crudas + legumbres
Tortilla de verduras	Verduras + legumbres (por ejemplo, dahl)
Sopa de verduras + queso	Pasta de legumbres
Gratinado de verduras + queso + jamón	Crepes de trigo sarraceno
Ensalada con verduras crudas + crema de acompañamiento	Quiche o pizza con IG bajo
	Quinoa, arroz basmati o espelta + verduras

POSTRE

Durante la semana, **cuento con postres básicos, sin preparación, poco azucarados y que me gusten.**

A continuación, tres ejemplos de postres diarios:

• Un yogur de leche de coco o de oveja sin azúcar + tres cucharadas de cereales tipo granola con IG bajo (con menos del 5% de azúcar) o media compota sin azúcares añadidos.

• Una pieza de fruta.

• Uno o dos cuadraditos de chocolate negro con más del 70% de cacao + cinco oleaginosos.

Elijo mis postres en función de la comida, porque si es muy saciante, ¡incluso puedo pasar sin postre!

Para el fin de semana, podemos hacer un pastel, gofres o crepes en sus versiones con IG bajo para las meriendas o postres. **Los caprichos son esenciales para aguantar nuestro plan de manera duradera.**

6

PREGUNTAS FRECUENTES

A menudo, me hacen preguntas en mi cuenta de Instagram, así que os propongo aquí una pequeña recapitulación de las que con más frecuencia me plantean y las respuestas que doy.

¿CÓMO NO CAER EN LA TENTACIÓN?

1 Estar saciado es esencial para evitar los antojos

• Al principio del abandono del azúcar, **no hay que dejar de comer grasas** para calmar los antojos dulces y calmar nuestro cuerpo. No olvidemos los **oleaginosos**: un puñadito es suficiente para parar esa ansiedad. Una vez desintoxicados del azúcar, podremos reducir las cantidades de grasa.

Siempre llevo oleaginosos conmigo por si los necesito y eso que antes no los comía por miedo a engordar.

• Hay que ingerir suficiente comida salada, sobre todo al principio del abandono de azúcar: asociaremos **proteínas + verduras a demanda + una pequeña porción de legumbres o de cereales integrales + grasa buena** (aceite, aguacate, humus...). ¡Así ya no tendremos hambre para un postre!

Antes solía tomar un plato ligero para disfrutar de un gran pastel.
He tenido que revisar mis hábitos...

2 Hay que darle más sabor a los platos y aderezarlos

• **Hierbas** (cilantro, albahaca, menta, cebollino...), congelados si es necesario.

• **Especias** (comino, curry, canela, jengibre...).

• **Semillas** (sésamo, calabaza, girasol...).

• **Queso**, en pequeñas cantidades.

3 Si es necesario, una merienda saludable

Lo ideal: una pieza de fruta y algunos oleaginosos o un cuadradito de chocolate negro con más del 70% de cacao.

¿CÓMO NO ARRUINAR DÍAS DE ESFUERZO EN UNA SOLA INVITACIÓN EN UN RESTAURANTE?

En el restaurante

Cuando voy a un restaurante, siempre puedo encontrar opciones con IG bajo.

• **En la crepería:** → OK si son crepes saladas de trigo sarraceno (pero nada de crepe de postre).

• **En el japonés:** → OK, ¡pero sin el arroz! Así que, elegiremos sashimis o verduras asadas.

• **En el italiano:** → OK, pero mejor unas berenjenas a la parmesana o una ensalada italiana.

• **En el bar:** → OK si es un plato del día acompañado de verduras o una ensalada grande.

Si queremos tomar postre, ¡mejor una fruta!

En casa de los amigos

La cosa se complica...

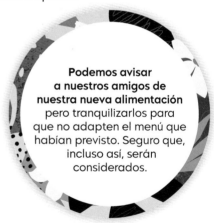

Podemos avisar a nuestros amigos de nuestra nueva alimentación pero tranquilizarlos para que no adapten el menú que habían previsto. Seguro que, incluso así, serán considerados.

• **En el aperitivo,** podemos disfrutar de las **aceitunas, oleaginosos** (cacahuetes, almendras, avellanas, nueces, pistachos) **y crudités con salsas.** En cuanto a la bebida, podemos tomar agua con gas y limón. Si nos apetece tomar alcohol, un vasito de vino tinto o blanco es mejor que la cerveza. **Intentaremos tomar solo una copa.**

• **En cuanto a la comida salada,** limitaremos al máximo los alimentos con IG alto. ¿Y si hay raclette? Pediremos un tomate o champiñones para reemplazar las patatas.

> Un día en casa de unos amigos, habíamos pedido unas pizzas para la cena. Imposible no comer nada... Así que aproveché el aperitivo para comer solo alimentos con IG bajo (humus, crudités, guacamole, oleaginosos) y después dos porciones pequeñas de pizza, pero dejé el borde para evitar el exceso de masa con IG elevado.

• **Del postre,** toma una parte muy pequeña para no molestar al cocinero y disfruta del chocolate amargo con el té de hierbas.

Al principio, tienes que ser bastante estricto para resistir con éxito. Cuando hayas perdido tus kilos de más, puedes darte unos descansos con tus amigos. Y luego, después de la desintoxicación, ¡será más fácil no recaer! ¡Sí, sí, te lo aseguro!

¡**Ofrécete a llevar el postre cuando te inviten!** Podrás seguir tu tratamiento y tus amigos probarán un pastel de IG bajo. ¡He convencido a muchos así!

¿QUÉ COMER A MEDIODÍA CUANDO TRABAJAMOS?

Tenemos tres posibilidades:

• **Llevar nuestra propia comida para evitar las tentaciones.**

Basta con prever un poco más de la cena del día anterior y llevarnos las sobras al día siguiente.

> ¡Soy una experta haciendo platos con sobras! Nunca tiro nada, aunque sea un poquito, y al final mezclo las sobras con un poco de queso, un huevo cocido o una loncha de jamón para conseguir un superbol combinado.

• **Comprar algo fuera.**

Es aconsejable tener ubicados los sitios que más nos convienen, como el restaurante de ensaladas donde se pueden elegir los ingredientes. También podemos comprar platos preparados con pescado o carne + verduras o legumbres. Evitaremos la panadería, ¡sitio peligroso!

• **En el comedor.**

Haremos elecciones correctas. Un entrante + plato principal, mejor que plato principal + postre. Evitaremos los feculantes (salvo si son con IG bajo) y daremos preferencia a las verduras. Si tenemos ganas de un postre, tomaremos una fruta o un yogur sin azúcar.

> En mi cajón de la oficina siempre tengo una tableta de chocolate con más del 70 % de cacao y una bolsita de oleaginosos. Siempre tomo un poquito después de la comida, si ha sido ligera, o a veces incluso como merienda.

¿CÓMO CONVENCER A NUESTRA FAMILIA?

Mi familia está compuesta por:

• Un marido muy carnívoro y reacio al cambio.
• Dos niños de 10 y 14 años con gustos muy diferentes y a los que les encanta el azúcar.

Con ellos, me lo tomo con calma porque no quiero ser tan estricta como conmigo misma. De todas formas, en el comedor del cole no puedo controlar su alimentación. Pero me doy cuenta de que, con el tiempo, el cambio empieza a hacer su efecto, las buenas costumbres se van asentando poco a poco y, aunque no sea todo perfecto, se alimentan mucho mejor que antes.

Mis trucos salados

1 <u>Añadir feculantes con IG bajo para saciarlos</u> (que yo no como o lo hago solo en pequeña cantidad, según el hambre que tenga y/o mi objetivo de pérdida de peso):

- **Legumbres cocinadas** con especias y salsas fáciles (a base de tomates o de nata vegetal).

- **Arroz basmati o integral.**

- **Pasta integral,** de trigo sarraceno o legumbres, con salsa de tomate o queso gruyer, ¡y todos contentos!

Lo único que de verdad echan de menos son las patatas, así que de vez en cuando se las cocino porque no quiero imponerles todo.
No olvidemos que la batata puede ser una buena solución para reemplazarlas.

2 <u>Un pequeño toque de queso</u>

Es el toquecito que marca la diferencia y hace que los platos sean más sabrosos. ¡Le encanta a toda la familia!

3 <u>Las salsas de acompañamiento</u>

Para hacer los platos más sabrosos, tenemos la salsa de yogur, el humus, el guacamole, el pesto de verduras, el tapenade..., un toque sabroso para ensaladas y platos calientes. Hay varias recetas en las páginas 120-123.

4 <u>Camuflar las verduras</u>

- A los niños les encantan **las quiches, las crepes y las empanadas,** y en su versión IG bajo, están igual de ricas, incluso mejores. Así que, cuando las hago, les pongo dentro un montón de verduras.

- **Podemos quitar la piel** de algunas verduras que delatan su presencia, como la de las berenjenas o los calabacines, y **cortarlas en trocitos muy pequeños para que se vean menos.**

- **Las verduras en puré o en sopa son invisibles** y pasan totalmente desapercibidas. Con un poco de nata y/o queso, el resultado para los niños será incluso mejor.

- También hay **especias que permiten enmascarar el sabor de las verduras:** a mis hijos les encanta el curry, el comino y la canela.

5 <u>El pan</u>

Cuando me apetece una ensalada, quizá para mi familia no sea suficiente, así que pongo pan en la mesa para que se hagan **un bocadillo con jamón y queso** (siempre tengo pan en el congelador).

Siempre comemos pan casero o compro panes y baguettes con la mayor cantidad posible de harina integral. Sin embargo, confieso que a mi marido, al que le encanta el pan blanco, es difícil convencerlo de lo rico que está.

6 Un poco más de carne

La carne tiene un IG bajo, pero como no es del todo grasa buena, yo la consumo solo una o dos veces por semana. Eso es lo que mi marido lleva peor porque a él le encanta. Así que, a veces, propongo un poco de charcutería no demasiado grasa o un poco más de carne.

Mis trucos dulces

Mis hijos estaban acostumbrados a las galletas industriales y a mis pasteles caseros con azúcar, así que el desafío no era nada fácil. Y, sin embargo, cuando cocinamos, lo conseguimos con facilidad.

1 Adaptar nuestras recetas favoritas a un IG bajo

En los pasteles caseros, basta con reducir la cantidad de edulcorante y de reemplazar el azúcar blanco por compota, miel y/o sirope de agave. También podemos sustituir la harina blanca de trigo por otras harinas con IG bajo, como la harina de cebada.

2 Añadir chocolate a los pasteles

Como el chocolate ya está dulce, algunas pepitas en cualquier receta permiten disminuir la cantidad de edulcorante.

3 Utilizar frutas

El plátano y la pera son ideales para endulzar los pasteles de manera natural o añadirlos a un yogur.

4 Cocinar gofres, crepes o tortitas en su versión con IG bajo

¡Siempre es un éxito para toda la familia!

La bebida: cambiar las costumbres

Dejé de comprar zumos de frutas, y enseguida mi familia se acostumbró a beber solo agua. De todas formas, ¡no les quedaba otra! Siempre habíamos reservado los refrescos para los cumpleaños o para ocasiones especiales, así que tampoco cambiamos demasiado.

Mi hijo no bebía suficiente líquido y tuve que buscar alternativas al agua, un poco como en mi caso. Empecé a ofrecerle té e infusiones aromatizadas, al principio con un poquito de miel, que poco a poco fue disminuyendo discretamente... ¡Ahora las toma sin nada y me las pide a diario!

¿GALLETAS LISTAS?

Seamos realistas: **no siempre tendremos tiempo para hacer meriendas saludables para los niños y a veces estaremos obligados a comprar algunas galletas industriales.** Y es muy difícil encontrarlas con IG bajo o no están adaptadas a los niños. En mi caso, compro las galletas y cereales menos azucarados, los que tienen 20 g de azúcar por cada 100 g de producto en lugar de 40 g; son más saludables.

¿CÓMO GESTIONAR NUESTRO ENTORNO?

Puede que nos demos cuenta de que un cambio de alimentación no siempre es bien recibido por nuestro entorno. De hecho, algunas personas pueden no entender el proceso, ¡o incluso estar celosas! Es posible que nos tachen de aguafiestas en las reuniones porque el azúcar se asocia normalmente al placer y a lo festivo.

Cuando salgamos con amigos, **no hay que ser demasiado estrictos** (salvo en la fase 1) y **optaremos por los alimentos menos malos.**

• Limitaremos las cantidades de alimentos con IG elevado.

• Tomaremos más cantidad de alimentos con IG bajo para no tener hambre...

• Tomaremos agua con gas o no más de una copa de alcohol (si es posible, vino mejor que cerveza).

Sobre todo, ¡hay que mantenerse firmes! No nos dejemos llevar por las personas que nos critiquen (siempre las hay). Además, notaremos que una vez que nos hayamos desintoxicado del azúcar, flaquearemos mucho menos.

En mi entorno, algunas personas no entendían mi cambio porque no veían que tuviera sobrepeso. A veces tenía que justificarme...

Para mí, era sobre todo una cuestión de salud y bienestar. Pasada cierta edad, cuidarme me resultaba fundamental. Me hice verdaderamente consciente de que una alimentación sana era la clave de una buena salud.

Actualmente, mi glucemia en ayunas es buena y espero evitar así la diabetes tipo 2 que podría amenazarme dentro de diez años.

También me siento más fuerte por haber superado el desafío con destreza. Además, me siento en mejor forma y mucho más relajada; en lo referente a la salud, los años que vendrán me asustan menos.

Confieso que también me apetecía perder algunos kilos que me sobraban y, sobre todo, ¡evitar sumar 2 kilos cada año! Cuando se es una persona delgada, es fácil moverse, se padecen menos bloqueos de espalda, nos sofocamos menos: esto es muy importante a la hora de envejecer.

No me esperaba tantos beneficios y, sobre todo, no creía que fuera a ser capaz de disfrutar tanto comiendo. Algunos me dicen que debe ser un rollo no tomar postres, pero en mi caso, me apetecen menos y he encontrado otros placeres gustativos. Otros, incluso, me miran con pena y creen que no disfruto de la vida, pero eso no es en absoluto cierto.

Debemos resistir a las presiones sociales y ser nosotros mismos. A mi edad, es mucho más fácil tener perspectiva.

¿POR QUÉ NO HAY QUE CONTAR DEMASIADO LAS CALORÍAS?

Prueba 1:

1 g de glúcidos = 4 calorías

1 g de lípidos = 9 calorías

Podríamos pensar que para adelgazar hay que limitar los lípidos, pero no los glúcidos. ¡FALSO!

Cuando consumimos demasiados glúcidos, el cuerpo los transforma en grasa y engordamos tanto como con los lípidos.

Prueba 2 :

Podríamos pensar que todos los glúcidos valen, pero algunos engordan más que otros.

A continuación, un ejemplo concreto: patatas *versus* lentejas.

100 g de lentejas cocidas = 110 calorías
100 g de patata cocida = 90 calorías

Así que quizá creamos que las lentejas engordan más que las patatas. ¡FALSO!

Con calorías idénticas, las patatas suben la glucemia más rápido que las lentejas, y si comemos demasiadas, ¡se almacenará en forma de grasa!

Evidentemente, este fenómeno está vinculado al índice glucémico: **entre 75 y 95** (según el tipo de cocción) para las patatas y **en torno a 30** en el caso de las lentejas.

¿Por qué existe tal diferencia de IG entre estos dos feculantes ricos en glúcidos?

Hay dos explicaciones:

1. La naturaleza del almidón (ver página 13):

Ya hemos visto que el almidón está formado por dos compuestos: la amilosa y la amilopectina, en proporción diferente según los feculantes.

• La amilopectina, fácilmente degradada por las enzimas digestivas, se transforma rápidamente en glucosa.

• La amilosa, difícilmente dividida por las enzimas, se transforma poco en glucosa.

Por ello, los **alimentos ricos en amilosa tienen un IG más bajo que otros.** Las patatas contienen un 20 % de amilosa y un 80 % de amilopectina, mientras que las lentejas presentan del 40 al 65 % de amilosa.

2. El contenido en fibra

Las lentejas contienen cuatro veces más fibra que las patatas. La fibra ralentiza también la digestión en glucosa.

He comprobado que optando por feculantes con IG muy bajo, como las legumbres, incluso regularmente, seguía perdiendo peso o me mantenía en un peso estable.

OTRO FACTOR IMPORTANTE QUE HAY QUE TENER EN CUENTA. LA TEMPERATURA DE NUESTRA COMIDA: ¡COMER LOS FECULANTES FRÍOS!

Cuando el almidón se calienta, la amilopectina se gelatiniza y hace que su transformación en glucosa sea más fácil. Pero cuando se enfría, se produce una especie de «retrogradación» de su estructura y encuentra resistencia a la digestión, lo que implica un ligero descenso de su IG.

Por ejemplo, la patata cocida tiene un IG elevado (entre 75 y 95). Pero fría en una ensalada tiene un IG medio de 60 (una vinagreta ácida también contribuye a reducir el IG).

BEBIDA: té, café, bebida vegetal

IDEA 1

Especial cereales

Un bol compuesto de:

• **Cereales con IG bajo con menos de un 5% de azúcar** (muesli de copos de avena y/o granola).

→ Se pueden consumir cereales en el desayuno como *porridge* o *bowl cake* > ver la receta en la página 135.

• **Oleaginosos** (avellanas, almendras...).

• **Toppings golosos** (coco, pepitas de chocolate negro...).

• **Semillas** (lino, chía, cáñamo...).

• **1 bebida vegetal o 1 yogur vegetal** (opcional).

• **1 fruta** (opcional).

El IG de **los copos de avena** aumenta con la cocción, así que habrá que vigilar la cantidad. Los dejaremos enfriar o añadiremos salvado de avena para bajar el IG.

MERMELADA CASERA SIN AZÚCAR

Calentar 200 g de frutos rojos con 1 cucharada de semillas de chía y 2 cucharadas de agua durante 10 minutos sin dejar de remover. Reposar 1 hora en la nevera.

IDEA 2

El goloso

• **Pan de plátano** > receta en la página 128.

• **Tortitas** > receta en la página 134.

• **Gofres** > receta en la página 133.

• **Crepes** > receta en la página 133.

Este desayuno requiere un poco de preparación que podemos dejar lista el domingo y congelar para el resto de la semana.

IDEA 3

El salado

• **Pan integral** > recetas en las páginas 118-119 o **crepes de trigo sarraceno** > ver la página 111.

• **Acompañamiento:** queso, aguacate, huevo, jamón, oleaginosos...

IDEA 4

El clásico

• **Pan integral**, de centeno o cualquier otra de harina con IG bajo > recetas en las páginas 118-119.

• **Tostada al gusto** (mantequilla de cacahuete, puré de almendra o avellana, mantequilla, margarina con aceites no hidrogenados, chocolate negro, compota o confitura sin azúcar...).

• **Fruta y/o yogur vegetal** (opcional).

¿CÓMO ADAPTAR LAS ANTIGUAS RECETAS A SUS VERSIONES CON IG BAJO?

Adaptar nuestras recetas para que tengan un IG bajo no es tan difícil. A continuación, algunos consejos útiles.

→ *Reemplazar la harina blanca de trigo por una o dos harinas, incluso tres.*

• **Para las recetas saladas,** mis harinas preferidas: harina de trigo integral T150, de cebada, que tiene un resultado menos denso, y de trigo sarraceno, por su sabor tan característico.

• **Para las recetas dulces, mis harinas preferidas:** cebada y espelta integral, que le vienen muy bien a los postres porque con ellas se consigue una textura ligera. Sin embargo, para algunas tartas podemos usar también una parte de harina de trigo integral T150.

He probado otras harinas con IG bajo, como las de legumbres (altramuz, lenteja, guisante...), y también sin gluten. Normalmente, pongo un tercio y completo con otra de mis favoritas.

La harina de coco tiene un sabor fuerte; hay que usarla en un 20% junto con otra harina.

A menudo sustituyo la harina por almendra o avellana en polvo en parte o por completo. Aporta una textura esponjosa y disminuye considerablemente el IG de la receta.

→ *Cambiar el azúcar por una o dos azúcares alternativos y disminuir su cantidad en las recetas habituales.*

• **Mis preferidos:** azúcar de coco, xilitol (azúcar de abedul), sirope de agave, miel de acacia.

• **Endulzantes naturales:** frutas, chocolate, compota de manzana sin azúcares añadidos.

En mi caso, he reducido de un cuarto a un tercio la cantidad de endulzante de mis antiguas recetas (sobre todo si el pastel lleva chocolate o frutas). Y si utilizo xilitol, sirope de agave o miel, bajo un tercio de la cantidad (por su poder endulzante más acentuado).

→ *Reemplazar las patatas por batatas.*

→ *Sustituir la leche de vaca, la nata líquida o los yogures por sus versiones vegetales o a base de leche de cabra o de oveja.*

Hay muchas opciones vegetales:

• **Las más neutras que sirven para todo:** avena, espelta, soja, anacardo.

• **Con un poco de sabor, mejor para recetas dulces:** almendra, coco, avellana.

Leche de vaca

Leche de cabra

Leche vegetal

COCINO
CON IG BAJO
a diario

A continuación, os propongo recetas saladas y dulces *healthy* y con IG bajo para que podáis inspiraros.

Encontraréis más recetas en mi cuenta de Instagram
@0sucre_et_igbas

Bol de ensalada
CON LENTEJAS Y NARANJA

PREPARACIÓN	COCCIÓN	RACIONES
15 min	25 min	2

- 60 g de lentejas verdes
- 1 naranja
- 1 berenjena pequeña
- 4 champiñones grandes
- 2 puñados de hojas verdes

- Algunos tomates secos
- 2 cucharadas de queso fresco de cabra
- 2 cucharadas de vinagreta
- Aceite de oliva
- Chalotas, cebollino, semillas de sésamo

Cocemos las lentejas en agua durante 25 minutos.

Durante ese tiempo, cortamos la berenjena en bastones. La colocamos sobre una placa de horno con papel antiadherente, echamos un poquito de aceite y salpimentamos. Horneamos a 200 °C durante 20 minutos.

Cortamos los champiñones y la naranja en láminas.

Montamos los platos con las lentejas, la naranja, la berenjena asada, los champiñones, las hojas verdes cortadas y los tomates secos picados. Colocamos el queso en el centro.

Regamos con la vinagreta y esparcimos un poco de chalota picada, cebollino y semillas de sésamo.

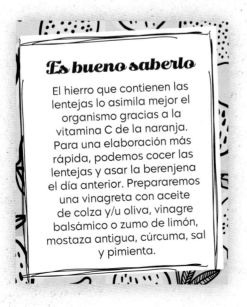

Es bueno saberlo

El hierro que contienen las lentejas lo asimila mejor el organismo gracias a la vitamina C de la naranja. Para una elaboración más rápida, podemos cocer las lentejas y asar la berenjena el día anterior. Prepararemos una vinagreta con aceite de colza y/u oliva, vinagre balsámico o zumo de limón, mostaza antigua, cúrcuma, sal y pimienta.

#SinGluten

ALGUNAS IDEAS
de ensaladas con IG bajo

Cada semana, cuento con una ensalada (o más, según la estación y lo que me apetezca. ¡Las combinaciones son infinitas!). A continuación, algunas ideas que pueden servir como inspiración. Como aderezo, una vinagreta con aceite de oliva, zumo de limón o vinagre, mostaza antigua, cúrcuma, sal y pimienta.

Tabulé libanés

Lentejas rojas, pepino, tomates, mucho perejil, menta, zumo de limón, cebolla roja.

Ensalada fresca

Tomates cherry, lechuga, rábano, surimi, parmesano, rebanada de boniato con caviar de berenjena (receta en la página 122).

Ensalada de verano

Melón, tomates, pepino, queso feta, nueces y menta.

Ensaladas

Bol saciante

Espaguetis de calabacín crudo, quinoa, boniato, nueces, queso feta y menta.

Bol apetitoso

Aguacate, queso fourme d'Ambert (o azul), champiñones, tomates, zanahoria, huevo cocido, semillas germinadas de alfalfa y cilantro.

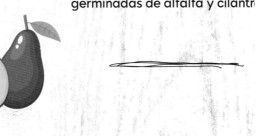

Bol de trucha

Espaguetis de calabacín crudo, tomates, zanahoria rallada, aguacate, trucha, almendras, albahaca, salsa ktipiti (receta en la página 120).

#SinGluten

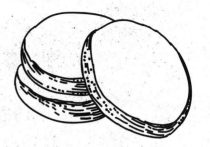

Vasitos de chía y salmón ahumado

PREPARACIÓN	REPOSO	RACIONES
5 min	40 min	4

30 g de semillas de chía • 4 lonchas de salmón ahumado • 30 cl de leche de coco • 130 g de queso fresco • Cebollino (u otras hierbas) • 3 tomates • Semillas germinadas (opcional)

Con unas varillas, mezclamos la leche de coco y las semillas de chía. Esperamos 5 minutos y volvemos a mezclar. Las dejaremos reposar para que se inflen durante unos 30 o 40 minutos en el frigorífico. Pasado este tiempo, volvemos a mezclar para separar bien las semillas.

Incorporamos el queso fresco a la chía y batimos con fuerza hasta obtener una textura lisa. Salpimentamos. Espolvoreamos cebollino.

Montamos los vasitos: sobre una capa de tomates cortados en dados ponemos otra capa de pudin de chía y una última capa de salmón ahumado. Decoramos con semillas germinadas.

Un consejo

La leche de coco aporta un toque dulce sin un sabor a coco demasiado fuerte, pero podemos utilizar otra bebida vegetal más neutra (espelta, avena, soja...) si lo preferimos.

Galletas saladas de parmesano

PREPARACIÓN	COCCIÓN	UNIDADES
10 min	15 min	12

100 g de harina de trigo T150 • 50 g de harina de cebada • 30 g de queso parmesano • 1 pizca de sal • 50 g de aceite de oliva

---

En una ensaladera, mezclamos la harina de trigo, la harina de cebada, el parmesano y la sal. Añadimos 25 g de agua y el aceite de oliva. Mezclamos bien con las manos hasta obtener una masa homogénea.

Con un rodillo, extendemos la pasta en una lámina de unos 5 mm de espesor. Con un molde circular (de unos 8 cm de diámetro) o con un vaso ancho, cortamos círculos de la pasta y los colocamos en una bandeja de horno con papel antiadherente.

Horneamos a 200 °C durante 15 minutos, hasta que las galletas estén doradas. Las dejamos enfriar antes de consumir.

CONSEJO: consumir al natural para el aperitivo o como cena ligera con alguna de las guarniciones siguientes:
• Humus + tomates cherry + albahaca
• Queso fresco de cabra + salmón ahumado + tomates cherry
• Queso Saint Augur® (o azul) + láminas de pera

#SinGluten

Crema de coliflor al pesto

PREPARACIÓN	COCCIÓN	RACIONES
10 min	30 min	3 o 4

1 kg de coliflor • 1 cucharada de pesto por persona • 1 cebolla • 1 diente de ajo • 2 cucharadas de aceite de oliva • 25 cl de bebida vegetal de anacardo • 35 g de queso parmesano rallado

En una cacerola con el aceite de oliva, pochamos la cebolla y el ajo picados durante 2 minutos. Añadimos la coliflor troceada y 25 cl de agua. Tapamos y dejamos que cueza durante 25 minutos.

Añadimos la bebida vegetal, el queso parmesano y salpimentamos. Dejamos cocer durante otros 3 minutos y después trituramos muy fino.

Servimos en boles añadiendo el pesto por encima y echamos un poquito más de pimienta.

Velouté de guisantes al Boursin

PREPARACIÓN	COCCIÓN	RACIONES
10 min	30 min	4

200 g de guisantes • 60 g de queso Boursin® (queso crema) • Chalota, cebollino • 1 cebolla • 1 cucharada de aceite de oliva • 3 calabacines • Nueces

En una cacerola con un poco de aceite de oliva, doramos la cebolla durante 2 minutos. Añadimos los calabacines en rodajas y los guisantes. Salpimentamos. Añadimos agua y cocemos a fuego medio durante 25 minutos.

Incorporamos el queso Boursin® y trituramos muy fino para evitar que se queden trozos enteros de guisantes. Si es necesario, podemos añadir un poco de agua.

Servimos con nueces picadas, con un poco de Boursin®, si queremos.

VARIANTE: podemos reemplazar el queso Boursin® por nata vegetal.

#SinGluten

#SinGluten
#Vegano

Sopa de champiñones, coliflor y queso azul

PREPARACIÓN	COCCIÓN	RACIONES
10 min	35 min	3 o 4

350 g de champiñones • 200 g de coliflor • 80 g de queso fourme d'Ambert (o queso azul) • 1 cebolla pequeña • Medio diente de ajo • 1 cucharadita de comino • 10 cl de nata vegetal (anacardo, avena, soja) • Almendras laminadas (opcional)

Separamos la coliflor en ramilletes y las cocemos en agua durante 15 minutos.

Cortamos los champiñones en trozos grandes (reservamos algunos para la decoración).

En una cacerola con 50 cl de agua, ponemos la coliflor cocida, los champiñones, la cebolla y el ajo picados y el comino. Salpimentamos. Cocemos a fuego lento durante 20 minutos.

Añadimos la bebida vegetal y trituramos. Podemos añadir un poco de agua si la textura es demasiado espesa.

Servimos la sopa con los champiñones reservados y, si nos gusta, con unas almendras laminadas.

Sopa de calabaza, lentejas coral y tomates

PREPARACIÓN	COCCIÓN	RACIONES
15 min	30 min	4

400 g de calabaza • 150 g de lentejas coral • 400 g de tomate triturado en conserva • 1 cebolla pequeña • 2 cucharaditas de especias indias • 10 cl de nata de coco • Almendras laminadas, cilantro y jamón (opcional para una receta vegana)

En una cacerola, colocamos la calabaza pelada y cortada en trozos, el tomate, la cebolla picada y las especias. Cubrimos con agua y cocemos a fuego suave durante 15 minutos.

Añadimos las lentejas con un poco de agua y las dejamos hacer durante otros 15 minutos.

Incorporamos la nata de coco y trituramos. Salpimentamos.

Decoramos con almendras laminadas, cilantro y, si queremos, con jamón.

VARIANTE: para una sopa más ligera, podemos reemplazar la calabaza moscada por un par de puerros.

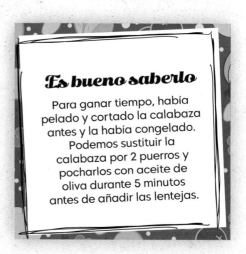

Es bueno saberlo

Para ganar tiempo, había pelado y cortado la calabaza antes y la había congelado. Podemos sustituir la calabaza por 2 puerros y pocharlos con aceite de oliva durante 5 minutos antes de añadir las lentejas.

#SinGluten

#Vegano

Sopa
DE BRÓCOLI Y CALABACINES

PREPARACIÓN	COCCIÓN	RACIONES
10 min	25 min	4

- 1 brócoli
- 2 calabacines
- Media cebolla
- 1 cucharada de aceite de oliva
- 1 pastilla de caldo de verduras

- 10 cl de nata vegetal (avena, anacardo o soja)
- Granola salada (ver más abajo)
- 4 cucharadas de queso fresco de cabra (opcional para una receta vegana)

En una cacerola con aceite de oliva, pochamos la cebolla. Añadimos el brócoli, los calabacines en rodajas y la pastilla de caldo de verduras, previamente disuelta en 3 cucharadas de agua caliente. Echamos un tercio de agua y cocemos durante 35 minutos.

Al final de la cocción, añadimos la nata vegetal, pimienta y trituramos. Servimos la sopa con la granola salada y queso fresco de cabra (opcional).

GRANOLA SALADA

70 g de oleaginosos (20 g de nueces, 20 g de anacardos, 15 g de avellanas, 15 g de almendras) • 50 g de copos de avena • 45 g de semillas (30 g de pipas de calabaza, 15 g de semillas de sésamo) • 1 cucharadita de comino • 1 cucharada de queso parmesano • 1 cucharadita de mostaza antigua • 3 cucharadas de aceite de oliva

Picamos los frutos secos sin demasiado cuidado. Mezclamos los ingredientes secos con la mostaza, el aceite, 2 cucharadas de agua y sal. En una placa de horno con papel antiadherente, horneamos la mezcla a 170 °C durante 15 minutos. Dejamos enfriar. Para servir con nuestras sopas, verduras y ensaladas e, incluso, ¡en el aperitivo!

Es bueno saberlo

El IG de los copos de avena aumenta en la cocción, pero baja un poco cuando se enfría. Además, los oleaginosos, ricos en grasas buenas, también disminuyen el IG global de la granola.

Sopa
DE CALABAZA Y CALABACINES

PREPARACIÓN	COCCIÓN	RACIONES
15 min	25 min	6

- 750 g de calabaza (con piel)
- 3 calabacines
- 1 cebolla
- 1 cucharada de aceite de oliva
- 15 cl de nata vegetal (anacardo, avena o soja)

- Avellanas, albahaca
- Queso fresco de cabra (opcional para una receta vegana)
- Cúrcuma

En una cacerola con un poco de aceite de oliva, doramos la cebolla picada. Añadimos la calabaza y los calabacines en trozos, cúrcuma, sal y pimienta. Echamos agua hasta la mitad de las verduras y cocemos durante 25 minutos.

Añadimos la nata vegetal y trituramos. Si es necesario, agregamos un poco de agua para obtener la consistencia que prefiramos.

Repartimos la sopa en boles y esparcimos unas avellanas picadas, albahaca y, si queremos, queso fresco de cabra.

#SinGluten
#Vegano

Bol fresco
Y FALAFEL CASERO

PREPARACIÓN	COCCIÓN	RACIONES
20 min	20 min	4

- 1 pepino pequeño
- 4 champiñones grandes
- 12 rábanos
- 4 zanahorias
- Lechuga verde
- Cilantro
- Humus (ver la receta en la página 122)

PARA EL FALAFEL
- 250 g de garbanzos en conserva
- 1 diente de ajo
- ¼ de cebolla
- Medio manojo de cilantro (o de perejil)
- 2 cucharaditas de comino
- 4 cucharadas de aceite de oliva
- Semillas de sésamo tostadas

Preparamos los falafel. En una picadora, mezclamos todos los ingredientes, menos el sésamo. Salpimentamos, hacemos bolitas y las envolvemos con el sésamo. Horneamos a 185 °C durante 20 minutos.

Cortamos el pepino en bastoncitos, los champiñones y el rábano en láminas y rallamos las zanahorias.

En cada bol, colocamos la lechuga al fondo, añadimos las verduras, encima el falafel y 2 cucharadas de humus. Esparcimos un poquito de cilantro.

#SinGluten

#Vegano

#SinGluten

Chakchouka
DE JUDÍAS ROJAS Y PIMIENTO

PREPARACIÓN	COCCIÓN	RACIONES
10 min	18 min	4

- 400 g de judías rojas en conserva
- 1 pimiento fresco (o mezcla de pimientos congelados)
- 2 cucharadas de aceite de oliva

- 400 g de tomate triturado en conserva
- 2 cucharaditas de comino en polvo
- 4 huevos
- Queso comté rallado (o gruyer)

Un consejo

Para variar, podemos añadir cebolla o judías verdes.

Cortamos el pimiento en láminas y lo pochamos en una sartén con un poco de aceite de oliva durante 10 minutos, hasta que se ponga tierno.

Añadimos las judías rojas, el tomate y el comino. Salpimentamos. Calentamos durante 5 minutos.

En otra sartén, preparamos los huevos al plato y esparcimos por encima el queso comté. Cuando el queso esté fundido, colocamos los huevos sobre las judías rojas y el pimiento.

#SinGluten
#Vegano

Dahl de lentejas
CON ESPINACAS

PREPARACIÓN	COCCIÓN	RACIONES
7 min	30 min	4

- 270 g de lentejas verdes
- 200 g de espinacas cortadas congeladas
- 400 g de tomate triturado en conserva
- 1 diente de ajo

- 3 cucharaditas de comino (o 4 cucharaditas de mezcla de especias indias)
- 10 cl de nata de coco ligera
- Cilantro

En una cacerola con agua, hervimos las lentejas durante 25 minutos. Descongelamos las espinacas.

En un recipiente, mezclamos las lentejas, las espinacas, el tomate, el ajo finamente cortado y las especias al gusto. Salpimentamos.

Añadimos la nata de coco y calentamos en la cacerola o en el microondas.

Esparcimos un poco de cilantro antes de servir.

Un consejo

Para ganar tiempo, podemos cocer las lentejas el día anterior.
Si queremos variar, podemos reemplazar las espinacas por puré de calabaza.

Curry de verduras

PREPARACIÓN	COCCIÓN	RACIONES
15 min	30-35 min	4

- 1 berenjena
- 2 calabacines
- 1 puñado de espinacas
- 400 g de garbanzos cocidos
- 4 huevos
- 1 cebolla
- 1 diente de ajo

- 4 cucharadas de aceite de oliva
- 4 cucharaditas de curry
- 1 cucharadita de cilantro en polvo
- 1 cucharadita de jengibre
- 15 cl de nata de coco ligera
- 8 cucharadas de tomate triturado

Cortamos la berenjena en trozos pequeños y la ponemos en una sartén con 3 cucharadas de aceite y 4 cucharadas de agua. Tapamos y cocemos durante 10 minutos.

Durante este tiempo, cocemos los huevos.

En una cacerola con el resto del aceite, doramos la cebolla picada y los calabacines cortados en trozos durante 5 minutos. Añadimos entonces el ajo picado, las espinacas, las especias y un vasito de agua. Incorporamos la berenjena cocida. Salpimentamos. Cocinamos todo durante unos 10 minutos sin dejar de remover de vez en cuando.

Escurrimos los garbanzos y los añadimos. Agregamos la nata de coco, el tomate triturado y dejamos cocinar entre 5 y 10 minutos. Añadimos pimienta y servimos con los huevos duros.

Un consejo

Podemos acompañar este curry con 1 cucharada de ktipiti (ver la receta en la página 120) por persona.

Judías blancas
A LA ITALIANA

PREPARACIÓN	COCCIÓN	RACIONES
10 min	8 min	4

- 400 g de judías en conserva
- 400 g de tomate triturados en conserva
- 1 bola grande de burrata
- 1 cebolla
- 1 diente de ajo
- 1 cucharadita de aceite de oliva

- 4 cucharadas de nata vegetal (anacardo, avena, soja)
- 2 cucharadas de queso parmesano
- 3 o 4 cucharadas de pesto
- Albahaca
- Piñones (opcional)

En una sartén con un poco de aceite de oliva, doramos la cebolla y ajo picados durante 3 minutos a fuego medio.

Añadimos los tomates, la nata vegetal, el parmesano y 1 cucharadita de pesto. Salpimentamos y mezclamos.

Escurrimos las judías blancas y las incorporamos a la preparación. Cocinamos otros 5 minutos y, si es necesario, agregamos un poquito de agua.

En cada plato, disponemos sobre las judías trocitos de burrata, un poco de pesto y albahaca. También, si queremos, podemos esparcir algunos piñones.

Lasaña
DE CALABAZA MOSCADA CON ESPINACAS

PREPARACIÓN	COCCIÓN	RACIONES
30 min	35 min	4

- 600 g de pulpa de calabaza moscada
- 200 g de espinacas congeladas
- 50 g de queso fresco de cabra
- ½ yogur griego de oveja
- 1 rulo de queso de cabra
- Queso gruyer rallado

PARA LA BECHAMEL
- 20 g de harina de cebada (o harina de garbanzo si queremos hacer la versión sin gluten)
- 200 g de bebida vegetal (anacardo o cualquier otra)
- 10 g de mantequilla
- ½ yogur griego de oveja

Cortamos la calabaza en rodajas de unos 5 mm. La cocemos durante unos 20 minutos, hasta que esté tierna. Descongelamos las espinacas.

Preparamos la bechamel. En una cacerola, fundimos la mantequilla y añadimos la harina. Dejamos hacer 1 minuto removiendo constantemente. Incorporamos la bebida vegetal poco a poco y, sin dejar de dar vueltas con unas varillas, cocinamos 10 minutos, hasta que la mezcla espese. Luego la apartamos del fuego, agregamos el yogur y salpimentamos.

En un recipiente aparte mezclamos las espinacas con el queso fresco de cabra y el yogur.

En un recipiente para gratinar, extendemos una capa fina de bechamel, una capa de calabaza, una capa de espinacas y, al final, rodajas del queso de cabra. Repetimos la operación. Terminamos con una capa de calabaza y bechamel y echamos queso gruyer encima. Horneamos a 200 °C durante 15 minutos.

#SinGluten

Gratinado de batata,
BERENJENA Y GORGONZOLA

PREPARACIÓN	COCCIÓN	RACIONES
10 min	30 min	4

- 1 batata grande
- 1 berenjena grande
- 200 g de queso gorgonzola
- 1 chalota
- Hierbas provenzales

Pelamos la batata y la cortamos en rodajas. La hervimos durante unos 5 minutos.

Cortamos la berenjena en rodajas y picamos la chalota.

En un recipiente para horno alternamos la batata, la berenjena y el gorgonzola. Incorporamos las hierbas provenzales y la chalota por encima. Horneamos a 220 °C durante 25 minutos.

CONSEJO: podemos utilizar cualquier queso azul y, para una versión no vegetariana, añadir jamón.

Pastel de cebolla
E HINOJO

PREPARACIÓN	COCCIÓN	RACIONES
25 min	40 min	4-6

PARA LA MASA
- 110 g de harina de trigo sarraceno
- 90 g de harina de trigo T150
- 60 g de aceite de oliva
- 60 g de agua

PARA EL RELLENO
- 5 cebollas grandes
- 1 ramo de hinojo
- 4 cucharadas de aceite de oliva
- 1 cucharada de miel de acacia
- Tomillo

Preparamos el relleno. Pelamos las cebollas. Cortamos en hinojo en 4 y las cebollas en 5, de manera longitudinal.

En una sartén con aceite a fuego medio, ponemos el hinojo y las cebollas. Después, añadimos la miel. Cubrimos y doramos durante 20 minutos, removiendo de vez en cuando.

Mientras tanto, preparamos la masa. Mezclamos las harinas con una pizca de sal, añadimos el aceite y el agua para formar una masa. Luego, con ayuda de un rodillo, extendemos la masa sobre papel sulfurizado.

Cuando las verduras estén bien doradas, las ponemos en un molde redondo (de unos 25 cm de diámetro) y salpimentamos. Esparcimos tomillo por encima.

Recubrimos con la masa. Retiramos el papel y metemos los bordes hacia el interior. Horneamos a 200 ºC durante 20 minutos. Para servir desmoldamos al revés.

CONSEJO: podemos poner solo cebolla, sin hinojo y para una versión no vegetariana, añadiremos 100 g de beicon picado.

Es bueno saberlo

Cuidado, esta masa no es muy elástica, así que no deberíamos manipularla con las manos. La dispondremos sobre el molde con ayuda del papel.

Flanes de espinacas y corazón de tomate

PREPARACIÓN	COCCIÓN	UNIDADES
5 min	30 min	7-8

250 g de espinacas cortadas congeladas • 250 g de ricota • 100 g de pesto con un 30% de albahaca • 7 u 8 tomates cherry • 1 huevo • 30 g de almendra en polvo

Descongelamos las espinacas y las mezclamos con la ricota y el pesto. Añadimos el huevo y la almendra en polvo. Batimos la preparación y salpimentamos.

Ponemos la mezcla en moldes para muffins y, en el centro de cada uno, insertamos un tomate cherry. Horneamos a 180 °C durante 30 minutos.

#Rápido
#SinGluten

«Patatas» fritas de calabacín

PREPARACIÓN	COCCIÓN	RACIONES
10 min	20 min	3-4

3 calabacines • 1 huevo • 40 g de queso parmesano • 30 g de salvado de avena • 1 cucharada sopera de semillas de sésamo tostadas • Comino (o pimentón)

Cortamos los calabacines con forma de patatas fritas grandes.

Preparamos un bol con el huevo batido y otro con los demás ingredientes mezclados.

Primero, pasamos las «patatas» por el huevo y después por el segundo bol. Las colocamos en una bandeja de horno con papel antiadherente. Horneamos a 200 °C durante 20 minutos.

Es bueno saberlo

Podemos elegir distintas formas de acompañar estos flanes: con proteína (salmón, pollo o huevo), ensalada variada, o un feculante con IG bajo (quinoa, arroz basmati o pasta integral).
¡Están igual de ricos calientes o fríos!

Berenjena rellena
CON QUESO FETA

PREPARACIÓN	COCCIÓN	RACIONES
12 min	35-40 min	2

- 1 berenjena grande
- 100 g de queso feta
- 3 cucharadas de aceite de oliva
- 1 cucharada de salsa de tomate
- ½ diente de ajo
- Tomillo
- Albahaca (o cilantro)

Cortamos las berenjenas longitudinalmente. Con un cuchillo, hacemos unos cortes profundos con forma de rejilla en la pulpa. Ponemos la mitad del aceite en cada cara, añadimos pimienta y horneamos a 200 °C durante 30 minutos.

Con cuidado, retiramos la pulpa y la mezclamos con el queso feta en trozos, la salsa de tomate, el ajo picado y el tomillo. Añadimos pimienta, pero no sal (el feta tiene mucha sal).

Rellenamos las mitades de la berenjena con la mezcla y horneamos a 160 °C durante 10 minutos. Servimos con albahaca por encima.

Un consejo

Como acompañamiento, podemos poner 1 huevo al plato, pipas de calabaza y lechuga. Para ganar tiempo, podemos cocer las berenjenas el día anterior.

#SinGluten

Bocadillo de berenjena
CON AGUACATE Y QUESO DE CABRA

PREPARACIÓN	COCCIÓN	RACIONES
10 min	20 min	2

- 1 berenjena
- 2 aguacates grandes
- 3 lonchas de jamón
- 50 g de queso fresco de cabra
- 3 cucharadas de aceite de oliva
- 1 ½ cucharada de zumo de limón
- Comino
- Semillas de calabaza, albahaca o cilantro (opcional)

Cortamos la berenjena en rodajas longitudinales, que colocamos en una placa de horno con papel antiadherente, rociamos con un poco de aceite y salpimentamos. Horneamos a 200 ºC durante 20 minutos. Dejamos enfriar.

Con un tenedor, aplastamos el aguacate, añadimos el zumo de limón, comino, sal y pimienta. Mezclamos.

En cada rodaja de berenjena, extendemos la crema de aguacate, recubrimos con otra rodaja de berenjena y untamos el queso fresco de cabra.

Ponemos encima el jamón enrollado y, si queremos, esparcimos unas semillas de calabaza y un poquito de albahaca.

CONSEJO: para una comida exprés, haremos la berenjena el día anterior. Para transformar este entrante en una cena ligera, podemos acompañarla con tomates, rúcula y una cracker de harina integral de espelta.

Es bueno saberlo

La berenjena tiene muy pocas calorías y contiene muchos antioxidantes y potasio. Facilita el tránsito intestinal gracias a su fibra soluble y ayuda a disminuir el colesterol. También es un excelente diurético natural para desintoxicar el organismo. Ralentiza la digestión de los glúcidos y limita la elevación del azúcar sanguíneo.

#Rápido
#SinGluten

Carbonara
HEALTHY DE CALABACINES

PREPARACIÓN	COCCIÓN	RACIONES
10 min	5 min	2

- 600 g de calabacines
- 5 o 4 lonchas finas de beicon (o taquitos de beicon o jamón)
- 2 yemas de huevo
- ½ diente de ajo
- 3 cucharadas de aceite de oliva
- Queso parmesano cortado en lascas finas
- Nueces, cilantro (optativo)

Cortamos los calabacines con una mandolina, o bien con un pelador para darles forma de tallarines.

En una sartén con el ajo picado, cocinamos el calabacín durante 5 o 7 minutos. Salpimentamos.

Distribuimos los calabacines en los platos, añadimos el parmesano y el beicon picado, 1 yema de huevo cruda en el centro y, si queremos, nueces picadas y cilantro.

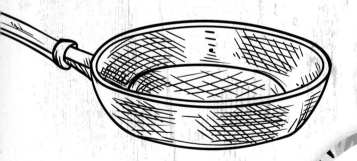

#Rápido
#SinGluten

Un consejo

Para los niños, podemos hacer una mezcla de espaguetis de trigo integral y de calabacines: así no notarán demasiado la verdura.

Pollo a la mexicana
Y BATATAS ASADAS

PREPARACIÓN
15 min

COCCIÓN
30 min

RACIONES
4

#SinGluten

- 3 filetes de pollo
- 2 batatas
- 1 pimiento rojo
- 1 cebolla
- Mezcla de especias mexicanas

- Queso chédar rallado (o gruyer)
- 2 yogures de cabra
- 2 tomates
- Cilantro
- Aceite de oliva

Cortamos las batatas en dos longitudinalmente y las horneamos, con un poco de aceite, sal y pimienta, a 210 °C durante 3 minutos.

Durante este tiempo, en una sartén con aceite pochamos el pimiento troceado y la cebolla picada. Añadimos las especias, el pollo troceado y seguimos la cocción hasta que el pollo esté cocido. Incorporamos queso chédar y dejamos que se funda.

Para emplatar repartimos la preparación de pollo sobre las mitades de batata. Ponemos luego unos trocitos de tomate, 2 cucharadas de yogur en cada ración y unas hojas de cilantro.

Un consejo

Si nos apetece, podemos reemplazar el pollo por ternera picada.

Albóndigas de ternera
CON ESPECIAS Y MENTA

#Rápido

PREPARACIÓN	COCCIÓN	RACIONES
10 min	15 min	4

- 300 g de ternera asada con 5% de MG
- 3 cucharaditas de comino
- 1 cucharadita de cilantro en polvo
- 20 hojas de menta
- 1 ½ cucharada sopera de aceite de oliva
- 25 g de salvado de avena
- 1 diente de ajo grande
- 1 huevo

PARA LOS PIMIENTOS ASADOS
- 4 pimientos
- Aceite de oliva

En una sartén salteamos la carne picada con aceite, el salvado de avena, el ajo picado y las especias, y después agregamos el huevo batido. Con un tenedor, mezclamos todo bien. Salpimentamos. Picamos la menta, la añadimos a la preparación y mezclamos.

Dejamos enfriar el conjunto. Luego formamos las albóndigas y las cocinamos en una sartén con un poquito de aceite.

Cortamos los pimientos en tiras para pocharlo en otra sartén con un poco de aceite unos 10 minutos a fuego medio. Cuando el pimiento esté hecho, lo unimos a las albóndigas y servimos.

Un consejo

Acompañaremos este plato con sémola integral: hervimos agua y la echamos sobre la sémola, cubrimos 10 minutos, añadimos un chorrito de aceite de oliva y mezclamos. Espolvoreamos sésamo tostado y servimos con salsa de tomate.

Wok a la cantonesa
CON SETAS OSTRA Y TOFU

PREPARACIÓN	COCCIÓN	RACIONES
20 min	25 min	4

- 140 g de arroz basmati (o 500 g de arroz de konjac)
- 250 g de setas ostra
- 150/200 g de tofu
- 100 g de guisantes
- 70 g de taquitos de jamón (opcional)

- 1 cebolla
- 3 cucharadas de aceite de oliva
- 3 cucharadas de salsa de soja
- 3 huevos
- 1 ½ cucharada de aceite de sésamo
- Cilantro

Cocemos el arroz y los guisantes por separado.

En una sartén con 2 cucharadas de aceite de oliva y 1 cucharada de salsa de soja salteamos los champiñones y la cebolla picada hasta que estén dorados. Los reservamos.

En un bol, batimos los huevos y los echamos a la sartén. Hacemos los huevos revueltos, los cortamos en tiras y los incorporamos a las setas con cebolla.

Añadimos entonces el arroz, los guisantes, el tofu cortado en cubos y, si queremos, los taquitos de jamón. Ponemos también el resto del aceite de oliva, el resto de salsa de soja y el aceite de sésamo.

Aderezamos con pimienta, mezclamos y cocinamos 5 minutos a fuego medio. Servimos con cilantro.

CONSEJO: podemos utilizar más o menos cantidad de setas, de arroz o de guisantes, según nuestro gusto. Asimismo, es posible reemplazar el tofu por pollo.

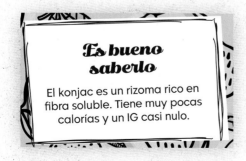

Es bueno saberlo

El konjac es un rizoma rico en fibra soluble. Tiene muy pocas calorías y un IG casi nulo.

#SinGluten

Flanes de brócoli

Y PAVO MARINADO

PREPARACIÓN	COCCIÓN	REPOSO	RACIONES
20 min	40 min	1 h	4

PARA LOS FLANES
- 600 g de brócoli
- 2 huevos
- 50 g de nata vegetal (anacardo, soja o avena)
- 60 g de queso fresco de cabra (tipo Chavroux®)
- ½ cucharadita de mezcla de especias mexicanas
- ½ cucharadita de comino
- ½ cucharadita de cúrcuma

PARA EL PAVO MARINADO
- 3 escalopes de pavo
- 1 cucharada de aceite
- Curry, comino
- 1 diente de ajo
- Cilantro (opcional)

PARA LA SALSA EXPRÉS
- 100 g de salsa de tomate
- 25 g de nata de coco (u otra)
- Comino

Preparamos el pavo marinado. Troceamos los escalopes. Les echamos aceite, curry, comino y el ajo picado. Dejamos marinar durante 1 hora en el frigorífico.

Cocemos el brócoli durante 20 minutos.

Durante este tiempo, cocinamos la carne a la barbacoa o en el horno. Podemos agregarle un poco de cilantro.

Preparamos los flanes. Batimos los huevos, añadimos la nata vegetal, el queso fresco de cabra y las especias. Salpimentamos.

Con un tenedor, machacamos el brócoli y lo incorporamos a la preparación, que repartimos entre 8 moldes individuales y horneamos a 180 ºC durante 20 minutos.

Preparamos la salsa mezclando los ingredientes, la calentamos y la servimos con el pavo y los flanes.

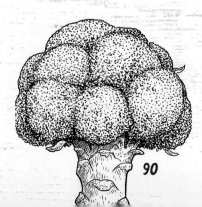

#SinGluten

Nuggets de pollo
HEALTHY CON JUDÍAS VERDES

PREPARACIÓN	COCCIÓN	RACIONES
15 min	5 min	4 o 5

- 3 filetes gruesos de pollo
- 700 g de judías verdes
- 20 g de harina de trigo sarraceno
- 30 g de salvado de avena
- Cúrcuma, curry
- Semillas tostadas de sésamo
- 2 huevos
- 80 g de copos de avena
- Aceite de oliva

En un bol, mezclamos la harina, el salvado de avena, las especias, el sésamo tostado, sal y pimienta. En otro bol, batimos los huevos y, en otro, ponemos los copos de avena.

Troceamos el pollo. Pasamos cada trozo por el primer bol, después por el segundo, eliminamos el exceso de huevo y lo pasamos por el tercero.

En una sartén con un poquito de aceite, doramos los nuggets por ambos lados.

Cocemos las judías verdes. Una vez hechas, las escurrimos, las salpimentamos y las rehogamos en una sartén con un poquito de aceite. Las servimos con los nuggets.

Es bueno saberlo

Las judías verdes serán mucho más agradables para los niños si las comen con estos nuggets.

#SinGluten

Tajín de pollo
CON ACEITUNAS

PREPARACIÓN	COCCIÓN	RACIONES
15 min	35 min	6

- 4 escalopes de pollo
- 150 g de aceitunas verdes sin hueso
- 2 cebollas
- 1 diente de ajo
- 2 calabacines
- 1 berenjena
- 6 cucharadas de aceite de oliva
- 400 g de tomate triturado en conserva
- ½ pastilla de caldo de pollo
- 2 cucharaditas de canela
- 2 cucharaditas de comino
- 1 cucharadita de jengibre

En una cacerola con 4 cucharadas de aceite doramos la cebolla, el ajo, los calabacines y la berenjena picados en trocitos pequeños. Agregamos 2 cucharadas de agua, tapamos y cocinamos durante 10 minutos.

Añadimos el tomate, el caldo diluido en 25 cl de agua y las especias. Tapamos y dejamos guisar otros 10 minutos más.

Troceamos el pollo, lo doramos en una sartén con el resto del aceite y lo incorporamos a las verduras. Dejamos cocinar durante otros 10 minutos. Añadimos las aceitunas y dejamos el conjunto un par de minutos más a fuego suave antes de servir.

Un consejo
Podemos servir este plato tal cual o con cereales con IG bajo (espelta, arroz integral, sémola integral, quinoa...).

#SinGluten

Tartiflette
CON PUERROS Y QUINOA

PREPARACIÓN	COCCIÓN	RACIONES
20 min	35 min	3 o 4

- 400 g de puerros
- 220 g de quinoa cocida
- 20 cl de nata vegetal (anacardo, avena o soja)
- 1 ½ cebolla
- 100 g de taquitos de beicon
- 2 cucharadas de vino blanco
- 130 g de queso reblochon (o brie)
- Aceite de oliva (o mantequilla)

En una sartén con un poquito de aceite o mantequilla, pochamos los puerros cortados en rodajas durante 15 minutos. Los apartamos y añadimos 10 cl de nata vegetal.

En otra sartén con aceite, pochamos la cebolla picada con los taquitos de beicon. Cuando la cebolla esté dorada, echamos el vino blanco y cocinamos hasta que se evapore. Apagamos el fuego y añadimos el resto de nata vegetal.

En una fuente para horno, ponemos la quinoa cocida, la preparación de beicon y, al final, la de puerros. Colocamos unas rodajas de queso reblochon encima y horneamos a 190 °C durante 15 minutos.

Gratinado de coliflor
CON FOURME D'AMBERT

PREPARACIÓN
10-15 min

COCCIÓN
25 min

RACIONES
4

- 500 g de coliflor cocida
- 120 g de queso fourme d'Ambert (o queso azul)
- 1 cebolla
- 60 g de harina de cebada o de trigo T150
- 3 huevos
- 40 cl de bebida vegetal (anacardo, avena...)
- 150 g de taquitos de beicon
- Aceite de oliva

En una sartén con un poquito de aceite, pochamos la cebolla picada.

En un recipiente, mezclamos la harina y 1 huevo.sin que queden grumos. Añadimos los otros huevos y la bebida vegetal y mezclamos de nuevo. Salpimentamos.

En una fuente para gratinar, disponemos la coliflor cocida, el beicon, la cebolla y el queso troceado. Regamos con la crema preparada y horneamos a 200 °C durante 20 minutos.

Es bueno saberlo

La coliflor tiene un IG muy bajo y sustituye muy bien a las patatas.

Pizza
A LA ITALIANA

PREPARACIÓN	COCCIÓN	RACIONES
10 min	15 min	4

- 1 masa de pizza (ver la receta en la página 117)
- 1 bote de salsa de tomate de unos 300 g
- 4 lonchas de jamón serrano
- 1 bola grande de burrata
- 2 cucharadas de pesto
- Piñones
- 1 puñado de rúcula

Preparamos la masa de pizza y la extendemos en una bandeja para horno. La untamos con la salsa de tomate. Horneamos a 210 °C durante 15 minutos.

La sacamos del horno y ponemos el jamón, la burrata en trozos y repartimos el pesto por todas partes. Esparcimos unos piñones y terminamos con la rúcula.

Quiche de calabacín, queso de cabra y beicon

PREPARACIÓN	COCCIÓN	RACIONES
25 min	40-45 min	6

Masa brisa (ver la receta en la página 116) • 3 calabacines • 1 rulo de queso de cabra • 75 g de beicon • 4 huevos • 25 cl de nata vegetal (avena, anacardo o soja) • 1 cucharada de aceite de oliva • Tomillo

En un molde de unos 30 centímetros, extendemos la masa sobre papel sulfurizado. Horneamos a 200 °C durante 10 minutos.

Cortamos los calabacines en rodajas y los salteamos en una sartén con un poquito de aceite durante 10 o 15 minutos.

En un bol, batimos los huevos con la nata vegetal, salpimentamos y agregamos el tomillo.

Disponemos el calabacín sobre la masa brisa, añadimos el beicon cortado en taquitos y después la preparación de huevo y nata vegetal. Hacemos rodajas con el queso de cabra, que repartiremos de manera homogénea sobre la quiche. Horneamos a 180 °C durante 20 minutos.

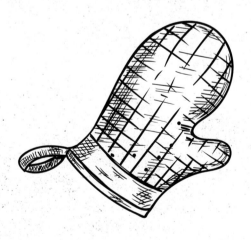

Quiche de salmón y espinacas

PREPARACIÓN	COCCIÓN	RACIONES
20 min	30-35 min	6

Masa brisa (ver la receta en la página 116) • 320 g de salmón fresco • 350 g de espinacas congeladas • 1 chalota • 3 huevos • 20 cl de nata vegetal (avena, soja, anacardo...) • 120 g de queso fresco • 70 g de queso gruyer rallado • Aceite de oliva

En un molde de unos 30 centímetros de diámetro, extendemos la masa brisa sobre papel sulfurizado. Horneamos a 200 °C durante 10 minutos.

Durante este tiempo, en una sartén con un poquito de aceite, cocinamos el salmón y la chalota picada durante 3 minutos. Además, descongelamos las espinacas.

En un recipiente, batimos los huevos con la nata vegetal y el queso fresco. Añadimos las espinacas y el queso gruyer. Salpimentamos.

Disponemos el salmón en trocitos sobre la masa y añadimos la preparación de espinacas. Horneamos a 200 °C durante 20 o 25 minutos.

Un consejo

Podemos reemplazar las espinacas por 2 ½ puerros. En una sartén con un poquito de aceite, los pochamos previamente picados hasta que estén blandos.

Ceviche de merluza
Y «PATATAS» DE BATATA

PREPARACIÓN	REPOSO	COCCIÓN	RACIONES
20 min	30 min	25 min	2

• 2 filetes de merluza
congelados
(o cualquier otro
pescado blanco)
• 1 batata pequeña
• Aceite de oliva

PARA EL ADOBO
• 1 lima
• 10 cl de leche de coco
• 1 cucharada de aceite de oliva
• ½ cucharadita de jengibre
• 1 tomate
• ½ pepino
• Cilantro

Preparamos el adobo. Mezclamos el zumo y la ralladura de lima, la leche de coco y el aceite de oliva. Añadimos el jengibre y salpimentamos.

Cortamos el tomate y el pepino en trocitos, picamos el cilantro y lo añadimos todo a la mezcla anterior.

Descongelamos el pescado casi por completo y lo cortamos en trocitos. Lo introducimos en el adobo y lo dejamos marinar en el frigorífico durante 30 minutos.

Pelamos la batata y la cortamos bastones. La colocamos en una placa de horno con papel antiadherente y un poquito de aceite. Salpimentamos y horneamos a 190 ºC durante 25 minutos.

Servimos la batata en un bol con el pescado marinado.

#SinGluten

Un consejo

Es muy importante que el pescado esté congelado para eliminar los posibles parásitos. Si nos gusta el chile, también podemos añadírselo al adobo.

Chirashi de salmón
Y LENTEJAS

#SinGluten

PREPARACIÓN	REPOSO	RACIONES
15 min	30 min	4

• 4 lomos de salmón congelado
• 3 cucharadas de salsa de soja salada
• 1 cucharada de aceite de oliva
• 2 cucharadas de zumo de limón
• 1 cucharadita de sirope de agave (o miel de acacia)

PARA LA GUARNICIÓN
• 500 g de lentejas verdes cocidas (preparar el día antes)
• 3 o 4 chalotas
• Aguacate
• Tomates cherry
• Vinagreta
• Semillas tostadas de sésamo

Mezclamos la salsa de soja, el aceite, el zumo de limón, el sirope de agave y un poquito de pimienta.

Cogemos el salmón a medio descongelar (así será más fácil córtalo) y lo troceamos en cubos grandes. Lo introducimos en el adobo y lo dejamos marinando en un lugar fresco durante 30 minutos.

Aparte mezclamos las lentejas con las chalotas picadas y aliñamos con una vinagreta.

Preparamos los boles con los cubos de salmón marinado, las lentejas, un poco de aguacate y algunos tomates cherry. Repartimos semillas de sésamo por encima para servir.

Es bueno saberlo

Es importante que el pescado esté congelado para eliminar los posibles parásitos. Podemos reemplazar las lentejas por arroz basmati, pero el IG será algo más alto.

#SinGluten

Bacalao
CON MANGO, JUDÍAS ROJAS Y COCO

PREPARACIÓN	COCCIÓN	RACIONES
10 min	15 min	4

• 4 trozos de bacalao
• ½ mango
• 300 g de judías rojas en conserva
• 20 cl de nata de coco
• 400 g de tomate triturado en conserva
• 2 chalotas
• 1 ½ diente de ajo
• 1 cucharada de aceite de oliva

• 2 cucharaditas de cúrcuma
• 2 cucharaditas de jengibre
• 1 cucharadita de cilantro en polvo
• 1 cucharadita de curry
• 2 cucharadas de coco rallado
• Cilantro fresco

En una sartén con un poquito de aceite, salteamos las chalotas y el ajo picados.

Añadimos la nata de coco, el tomate, las especias, sal y pimienta. Mezclamos y cocinamos durante 2 minutos.

Añadimos el pescado previamente troceado y cocinamos a fuego lento durante 5 minutos. Incorporamos las judías rojas, el mango en trozos y cocinamos otros 2 minutos.

Servimos en platos individuales con coco rallado y cilantro fresco por encima.

CONSEJO: si tenemos mucha hambre, añadiremos más judías rojas.

Pimientos rellenos
DE QUINOA Y SALMÓN AHUMADO

PREPARACIÓN	COCCIÓN	RACIONES
15 min	40 min	3

- 3 pimientos rojos
- 110 g de quinoa cocida
- 100 g de salmón ahumado
- 1 cucharada de aceite de oliva
- 1 huevo

- 200 g de yogur griego de oveja (o queso fresco)
- 30 g de pesto (con el 30% de albahaca)
- 1 cucharadita de comino

Quitamos los tallos de los pimientos y retiramos las pepitas del interior. Los colocamos en una placa de horno con papel antiadherente. Engrasamos con un poquito de aceite y salpimentamos. Los horneamos a 200 °C durante 20 minutos.

Mientras tanto, batimos el huevo, añadimos el yogur, la quinoa, el pesto, el comino y un poquito de pimienta. Mezclamos todo muy bien. Cortamos el salmón ahumado en tiras y las añadimos a la preparación.

Rellenamos los pimientos con la preparación y horneamos de nuevo a 200 °C durante 20 minutos.

#SinGluten

Un consejo
En lugar de pimientos, también podemos utilizar calabacines redondos o tomates.

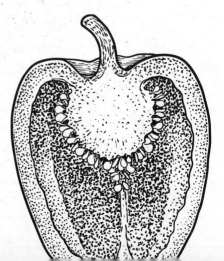

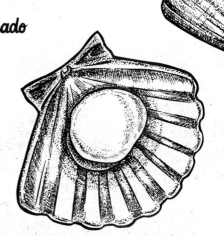

Vieiras
CON LENTEJAS CORAL Y ESPÁRRAGOS

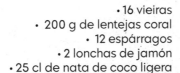

PREPARACIÓN	COCCIÓN	RACIONES
15 min	15 min	4

- 16 vieiras
- 200 g de lentejas coral
- 12 espárragos
- 2 lonchas de jamón
- 25 cl de nata de coco ligera

- 5 cucharadas de queso parmesano rallado
- 1 diente de ajo
- 1 cucharada de aceite de oliva

Cocemos por separado las lentejas y los espárragos pelados previamente. Contaremos unos 12 minutos para las lentejas y 15 para los espárragos.

En un recipiente, mezclamos las lentejas con 10 cl de nata de coco y el queso parmesano rallado. Salpimentamos.

En una sartén con un poquito de aceite y el ajo picado, salteamos las vieiras durante 1 minuto por cada lado. Cuando estén cocinadas, añadimos la nata de coco y calentamos unos segundos.

Repartimos en cada plato las lentejas, 3 espárragos y 4 vieiras. Añadimos media loncha de jamón en trocitos, pimienta y un poco de parmesano rallado.

Un consejo

No hay que cocer demasiado las lentejas para que no se conviertan en puré.
Cuidado, la cocción de las vieiras tiene que ser rápida; el centro tiene que quedar ligeramente translúcido.

Curry
DE BATATA,
CALABACÍN Y GAMBAS

PREPARACIÓN	COCCIÓN	RACIONES
25 min	20 min	4

- 1 batata
- 1 calabacín
- 16 gambas grandes
- 6 champiñones grandes
- 2 dientes de ajo
- 2 cucharadas de aceite de oliva
- 400 g de tomate triturado en conserva

- 20 cl de nata de coco ligera
- 2 cucharaditas de comino
- 2 cucharaditas de curry
- 1 cucharadita de cúrcuma
- 1 puñado de cacahuetes tostados sin sal
- Cilantro

Pelamos la batata y el calabacín, los cortamos en cubos y los cocemos durante 10 minutos.

En una cacerola grande con 1 cucharada de aceite y 1 diente de ajo picado, pochamos los champiñones durante 1 minuto. Añadimos el tomate, la nata de coco y las especias. Salpimentamos, mezclamos todo y cocinamos durante 2 minutos.

A continuación, añadimos las verduras bien escurridas y las dejamos pochar 3 minutos. Rectificamos el curry si es necesario.

Pelamos las gambas y las salteamos en una sartén con 1 cucharada de aceite y el ajo picado durante unos minutos.

Emplatamos con unos cacahuetes troceados por encima, cilantro y añadimos las gambas al final.

#SinGluten

#Rápido
#SinGluten

Curry
DE PESCADO
CON GUISANTES

PREPARACIÓN
10 min

COCCIÓN
20 min

RACIONES
4 o 5

- 2 lomos de pescado blanco
- 2 lomos de salmón
- 100 g de guisantes cocidos
- 80 g de pimiento
- 1 cebolla
- 1 diente de ajo

- 2 cucharadas de aceite de oliva
- 2 cucharaditas de curry
- 1 cucharadita de jengibre en polvo
- 20 cl de nata de coco ligera
- Zumo de limón

En una sartén con la mitad del aceite, doramos la cebolla, el ajo y el pimiento cortados en juliana durante 10 minutos o hasta que quede todo tierno. Añadimos las especias.

Cortamos el pescado en pequeños trocitos y lo doramos en otra sartén con el resto del aceite. Agregamos la nata de coco y cocinamos a fuego lento durante 2 minutos.

Añadimos el zumo de limón y los guisantes. Salpimentamos y dejamos a fuego lento durante 5 minutos.

Un consejo

Podemos servirlo con quinoa, arroz integral, salvaje o basmati. También podemos reemplazar los guisantes por espinacas.

Tortitas de batata

Y HAMBURGUESA VEGANA

PREPARACIÓN	COCCIÓN	RACIONES
20 min	45 min	4

- 1 berenjena grande
- 2 tomates
- Canónigos o lechuga
- 2 cucharaditas de aceite de oliva

PARA LAS TORTITAS
- 300 g de batata
- 1 calabacín

- 150 g de yogur griego de oveja
- 2 huevos
- 40 g de salvado de avena
- 20 g de harina de altramuz (o de garbanzo)
- 4 cucharadas de queso parmesano
- 2 cucharaditas de comino

Cortamos las berenjenas en rodajas gruesas y las ponemos en una bandeja de horno con papel antiadherente. Les echamos aceite, salpimentamos y horneamos a 200 °C durante 20 o 25 minutos.

Preparamos las tortitas. Cortamos la batata en trozos y la cocemos durante 10 minutos hasta que esté tierna.

Con un tenedor, machacamos la batata para hacerla puré y añadimos el yogur, el salvado de avena, la harina, el parmesano y el comino. Mezclamos todo muy bien. Añadimos el huevo y, con el tenedor, volvemos a mezclar.

Rallamos el calabacín, lo escurrimos bien y lo incorporamos a la preparación.

En una placa de horno con papel antiadherente, colocamos pequeños montones de la preparación y horneamos a 190 °C durante 15 minutos.

Montamos las hamburguesas con una rodaja de berenjena, una tortita, una rodaja de tomate y unas hojas de lechuga o canónigos. Repetimos la operación y terminamos con una rodaja de berenjena.

Tortitas de calabacín,
SALMÓN AHUMADO Y CREMA DE AGUACATE

PREPARACIÓN	COCCIÓN	UNIDADES
15 min	5 min	7

PARA LAS TORTITAS
- 1 calabacín mediano (de unos 200 g)
- 40 g de copos de avena
- 40 g de salvado de avena
- 2 huevos
- 100 g de bebida vegetal (anacardo, avena o soja)
- ½ diente de ajo
- Aceite de oliva

#Rápido

PARA ACOMPAÑAR (POR TORTITA)
- 1 loncha de salmón ahumado
- ½ aguacate
- Zumo de limón
- Comino
- Semillas germinadas de alfalfa, pipas de calabaza, albahaca

Mezclamos los copos y el salvado de avena. Salpimentamos. Añadimos los huevos, la bebida vegetal y el ajo picado.

Rallamos muy finamente el calabacín, aplastamos para eliminar el exceso de agua y lo incorporamos.

Con la masa obtenida formamos tortitas y las doramos en una sartén con un poco de aceite. Esperamos a que estén cocinadas para darles la vuelta.

Preparamos la crema de aguacate. Con un tenedor, aplastamos el aguacate, agregamos un poco de zumo de limón y añadimos comino, sal y pimienta.

Sobre cada tortita, ponemos salmón ahumado, un poco de crema de aguacate y germinados. Decoramos con pipas de calabaza y albahaca.

Es bueno saberlo
Conviene esperar a que las tortitas se enfríen para bajar su IG. Además, el salvado de avena hará disminuir el IG global.

Filetes
DE BERENJENA

#Vegano

PREPARACIÓN	COCCIÓN	UNIDADES
15 min	27 min	4

- 1 berenjena grande
- 1 cebolla
- ½ diente de ajo
- 3 cucharadas de aceite de oliva
- 45 g de bebida vegetal (avena u otra)

- 35 g de salvado de avena
- 20 g de levadura de cerveza (si no tenemos, usaremos salvado de avena)

En una sartén con 1 cucharada de aceite de oliva, doramos la cebolla y el ajo picados durante 2 minutos a fuego medio.

Pelamos y cortamos la berenjena en dados pequeños y la salteamos en una sartén con 2 cucharadas de aceite. Dejamos hacer durante 10 minutos.

Mientras tanto, mezclamos la bebida vegetal, el salvado de avena y la levadura de cerveza. Salpimentamos. Cuando la berenjena esté cocinada, añadimos a está mezcla y removemos de nuevo.

En una placa para horno forrada con papel antiadherente, disponemos 4 montones de la mezcla en forma de filetes. Horneamos a 210 ºC durante 15 minutos.

Un consejo

Podemos acompañar estos filetes con una salsa blanca (yogur, mostaza y cebollino).

Tortitas de champiñones

PREPARACIÓN	COCCIÓN	UNIDADES
10 min	10 min	8

#Rápido
#SinGluten

250 g de champiñones • ½ cebolla • 1 chalota • 2 huevos • 40 g de harina de trigo sarraceno • 1 cucharadita de comino • Queso fresco de cabra • Semillas germinadas • Aceite de oliva

Cortamos muy finos los champiñones. Picamos la cebolla y la chalota y las pochamos en una sartén con un poquito de aceite durante 3 minutos. Añadimos los champiñones y seguimos cocinando durante otros 2 minutos.

En un recipiente, batimos los huevos, añadimos la harina, el comino y mezclamos. Añadimos esta preparación a los champiñones.

En una sartén con un poquito de aceite, echamos 1 cucharada colmada de la preparación y la cocinamos a fuego medio. Le damos la vuelta a la tortita para cocinarla por el otro lado. De esta forma, cocinamos toda la masa.

Untamos cada tortita con un poco de queso fresco y decoramos con semillas germinadas (opcional). Servimos con una ensalada o una ración de legumbres.

Tortitas de coliflor

PREPARACIÓN	COCCIÓN	UNIDADES
5 min	8 min	6

300 g de coliflor cocida • 50 g de harina de garbanzo • 30 g de salvado de avena (o harina de garbanzo para una receta sin gluten) • 1 huevo • 65 g de queso reblochon (u otro queso tipo brie) • Aceite de oliva

En una picadora, mezclamos todos los ingredientes menos el queso, que lo cortaremos en pequeños trozos para añadirlos a la mezcla.

En una sartén con un poquito de aceite, ponemos 1 cucharada colmada de la mezcla y la extendemos en forma de tortita. La cocinamos a fuego medio de 5 a 8 minutos. Con una espátula, le damos la vuelta y la cocinamos por el otro lado. Repetimos la operación con toda la masa.

Servimos las tortitas con una ensalada, con jamón ¡o con lo que nos apetezca!

#Rápido
#SinGluten

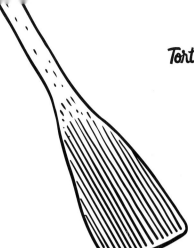

Gofres de calabaza

PREPARACIÓN	COCCIÓN	UNIDADES
10 min	5 minutos por gofre	7 - 8

300 g de puré natural de calabaza • 500 g de harina de trigo T150 • 50 g de harina de cebada • ½ sobrecito de levadura química • 2 huevos • 60 g de bebida vegetal (anacardo, avena…) • 50 g de queso fresco de cabra (o de queso fresco neutro) • 40 g de margarina (o de mantequilla)

Mezclamos las harinas con la levadura y hacemos un hueco en el centro. Cascamos los huevos dentro y mezclamos con cuidado. Añadimos la bebida vegetal, el queso y la margarina fundida. Con cada ingrediente que añadamos, mezclamos bien. Salpimentamos.

Incorporamos el puré de calabaza a la preparación.

En una gofrera con un poquito de aceite, cocinamos los gofres durante 5 minutos.

CONSEJO: podemos servir los gofres en su versión salada con un huevo al plato, una ensalada y/o aguacate, o en su versión dulce con un poquito de chocolate negro o frutas. También podemos cocinar la masa en forma de tortitas.

Crepes saladas

PREPARACIÓN	COCCIÓN	UNIDADES
5 min	5 min	7-8

300 g de harina de trigo sarraceno • 3 huevos • 30 cl de bebida vegetal (avena, anacardo o soja) • 30 cl de agua • Aceite de oliva

En un recipiente ponemos la harina y hacemos un hueco en el medio. Cascamos los huevos dentro y mezclamos despacio, siempre hacia el centro. Añadimos 10 cl de bebida vegetal y volvemos a mezclar.

Poco a poco, añadimos el resto de la bebida vegetal y el agua. Mezclamos bien y salpimentamos.

En una sartén con un poquito de aceite, cocinamos las crepes. Las presentamos con lo que más nos guste: jamón, queso, verduras, huevo…

#Rápido #SinGluten

Es bueno saberlo

Cuidado, estos gofres tardan más en cocinarse que los clásicos, así que los cocinaremos el tiempo suficiente antes de sacarlos para que la masa no se quede pegada al molde. También es aconsejable no llenar el molde del todo, sino solo el centro.

Pastel de atún
CON ACEITUNAS Y PESTO

PREPARACIÓN	COCCIÓN	RACIONES
10 min	30 min	8

- 100 g de atún al natural en conserva
- 50 g de aceitunas verdes sin hueso
- 40 g de pesto con el 30% de albahaca
- 80 g de harina de trigo T150
- 50 g de harina de lenteja (si no, de garbanzo)
- 1 sobrecito de levadura química (11 g)
- 5 cucharadas de aceite de oliva
- 130 g de bebida vegetal (espelta, anacardo o avena)
- 60 g de queso emmental rallado

En un recipiente ponemos las harinas y la levadura. Añadimos los huevos y mezclamos.

Agregamos el aceite, el pesto y la bebida vegetal. Después de añadir cada ingrediente, mezclamos bien. Incorporamos el queso, el atún desmigado y las aceitunas troceadas.

Llevamos la preparación a un molde de cake (con unos 24 cm de largo) y horneamos a 190 °C durante 30 minutos.

Un consejo

Podemos servirlo tibio o frío, con salsa de tomate o con queso fresco de cabra. ¡Es ideal para reemplazar al pan y para acompañar ensaladas!

Pastel de calabacín
CON QUESO DE CABRA Y JAMÓN

PREPARACIÓN	COCCIÓN	REPOSO	RACIONES
15 min	40 min	1 h	8

• 3 calabacines pequeños
• ½ rulo de cabra (u otro queso)
• 75 g de taquitos de jamón
• 80 g de harina de trigo T150
• 50 g de harina de espelta T150
• 20 g de salvado de avena

• 1 sobrecito de levadura química (11 g)
• 3 huevos
• 5 cucharadas de aceite de oliva
• 130 g de bebida vegetal (anacardo, avena o soja)

Cortamos el calabacín en trocitos pequeños y lo salteamos en una sartén con un poquito de aceite durante 10 minutos, hasta que esté tierno.

Mezclamos las harinas, el salvado de avena y la levadura. Incorporamos los huevos uno a uno. Agregamos el aceite de oliva y la bebida vegetal. Salpimentamos.

Añadimos el calabacín, el queso de cabra en pequeños trocitos y los taquitos de jamón.

Vertemos la preparación en un molde (de unos 24 cm de largo) y horneamos a 200 ºC durante 30 minutos. Dejamos enfriar y lo metemos en el frigorífico durante 1 hora antes de desmoldarlo.

Terrina
DE JUDÍAS VERDES, QUESO FETA Y MENTA

PREPARACIÓN	COCCIÓN	REPOSO	RACIONES
15 min	35-40 min	2 h	6

- 240 g de judías verdes
- 100 g de queso feta
- 10-15 hojas de menta
- 1 diente de ajo
- 1 cebolla pequeña
- 4 huevos
- 20 cl de nata vegetal (anacardo, espelta, avena...)
- 1 cucharadita de comino
- Pimentón (opcional)
- Aceite de oliva

Cocemos las judías verdes. Picamos la cebolla y el ajo. En una sartén con un poquito de aceite, los pochamos durante 3 minutos.

Batimos los huevos junto con la nata vegetal y añadimos el queso feta desmigado, la menta picada y el comino. Salpimentamos.

En un molde de silicona para cake (de unos 24 cm de largo), vertemos la mitad de la preparación y ponemos encima la mitad de las judías ordenadas longitudinalmente.

Vertemos el resto de la preparación y colocamos las judías restantes. Horneamos a 190 °C durante 35 o 40 minutos. Dejamos enfriar en el frigorífico durante 2 horas antes de desmoldar. Servimos con pimentón por encima.

Un consejo

Podemos reemplazar las judías verdes por calabacines precocinados en la sartén con un poco de aceite de oliva.

#SinGluten

Salsas para acompañar

Podemos servir esta terrina con una salsa de tomate o una salsa verde preparada con 200 g de espinacas muy picadas, frescas o congeladas, 50 g de queso fresco de cabra, 5 cl de nata vegetal, 1 cucharadita de aceite de oliva, sal y pimienta.

Masa brisa

PREPARACIÓN
10 min

UNIDADES
1

120 g de harina de trigo T150 • 100 g de harina de cebada (o 50 g de cebada y 50 g de trigo sarraceno para variar el sabor) • 65 g de aceite de oliva • 75 g de agua • 1 pizca de sal

#Rápido
#Vegano

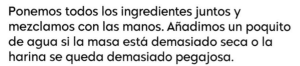

Ponemos todos los ingredientes juntos y mezclamos con las manos. Añadimos un poquito de agua si la masa está demasiado seca o la harina se queda demasiado pegajosa.

Sobre una lámina de papel sulfurizado y con ayuda de un rodillo, extendemos la masa. ¡Ya está
lista para utilizarla!

#Rápido
#Vegano

Masa quebrada

PREPARACIÓN
10 min

REPOSO
30 min

UNIDADES
1

150 g de harina de cebada • 50 g de almendra en polvo • 2 cucharadas de azúcar de coco • 1 pizca de sal • 50 g de aceite de coco desodorizado (o de mantequilla fundida) • 50-60 g de agua

Mezclamos la harina, la almendra en polvo, el azúcar y la sal. Añadimos el aceite de coco fundido y el agua.

Mezclamos con las manos. Añadimos un poquito de agua si la masa está demasiado seca o la harina se queda demasiado pegajosa.

Formamos una bola con la masa y la dejamos reposar en el frigorífico durante 30 minutos cubierta con film (estará mucho más manejable cuando el aceite de coco se endurezca).

Sobre una lámina de papel sulfurizado y con ayuda de un rodillo, extendemos la masa y la utilizamos en la receta que elijamos.

#Rápido

Masa para crumble salado

PREPARACIÓN	UNIDADES
5 min	1

100 g de harina de trigo T150 • 50 g de avellanas machacadas • 30 g de queso parmesano • 50 g de aceite de oliva (o mantequilla fundida)

Mezclamos la harina, las avellanas y el parmesano. Salpimentamos. Agregamos el aceite y mezclamos con las manos para obtener una textura terrosa. Horneamos a 180 ºC durante 20 minutos.

Es bueno saberlo

Esta masa de crumble es muy versátil. Con ella podemos cubrir verduras precocidas, espolvorear un poquito de tomillo y gratinar el conjunto en el horno.

Masa para pizza

PREPARACIÓN	REPOSO	UNIDADES
10-15 min	1,10 h	1

150 g de harina de trigo T150 • 100 g de harina de cebada • 100 g de salvado de avena • 2 pizcas de sal • 1 ½ sobrecito de levadura de panadero deshidratada (o 25 g de levadura fresca) • 15 cl de agua • 2 cucharadas de aceite de oliva

---

Para empezar, disolvemos la levadura deshidratada en 3 cucharadas de agua tibia y esperamos 10 minutos.

Mezclamos las harinas, el salvado de avena y la sal. Añadimos el agua y el aceite y, al final, la levadura rehidratada. Amasamos. Añadimos un poquito de agua si la masa está demasiado seca o la harina se queda demasiado pegajosa.

Cubrimos con un trapo y dejamos reposar durante 40 minutos a temperatura ambiente. Extendemos la pasta, la volvemos a cubrir y la dejamos reposar otros 20 minutos antes de utilizarla.

Pan
DE SEMILLAS

#SinGluten

PREPARACIÓN	COCCIÓN	UNIDADES
10 min	1 h	1

• 150 g de copos de trigo sarraceno (en tiendas bío) o de harina de trigo sarraceno
• 100 g de almendra en polvo
• 30 g de psyllium
• 1 cucharadita de sal
• 400 g de agua
• 5 cl de aceite de oliva (50 g)

PARA LA MEZCLA DE SEMILLAS
• 70 g de lino marrón (molido, si es posible)
• 70 g de pipas de girasol
• 70 g de semillas de calabaza
• 25 g de semillas de chía
• 50 g de avellanas machacadas

Mezclamos todos los ingredientes secos con la mezcla de semillas y añadimos el agua y el aceite. Amasamos algunos segundos con las manos. La pasta está espesa y pegajosa: es normal.

Metemos la pasta en un molde de silicona para cake (de unos 24 de longitud).

Horneamos a 180 °C durante 1 hora. Al cabo de 30 minutos, volteamos el pan sobre una placa, retiramos el molde y continuamos la cocción por el otro lado.

Un consejo

Podemos reemplazar el psyllium por un gel de chía: ponemos 25 g de chía en 100 g de agua, esperamos 15 minutos y mezclamos todo. En este caso, añadiremos 300 g de agua más a la masa. También se pueden sustituir los copos de trigo sarraceno por copos de avena (aunque tienen gluten).

Es bueno saberlo

Este pan solo contiene grasas buenas y glúcidos con IG bajo. Podemos comerlo en tostadas con queso fresco de oveja y aguacate, con ensalada, o por la mañana con una mermelada sin azúcares añadidos, por ejemplo. El psyllium (de venta en tiendas bío) aporta mucha fibra y sirve como aglutinante.

Panecillos
EXPRÉS

PREPARACIÓN	COCCIÓN	UNIDADES
10 min	25 min	3-4

- 100 g de harina de espelta T150
- 100 g de harina de cebada
- 1 sobrecito de levadura química
- 1 puñadito de sal
- 180 g de yogur griego de oveja

- 2 cucharadas de aceite de oliva
- 1 huevo
- 1 puñado de queso gruyer rallado
- Semillas de sésamo tostadas

Mezclamos las harinas, la levadura y la sal. Añadimos el yogur y el aceite. Amasamos con las manos.

Separamos la yema y la clara del huevo. Reservamos la yema y montamos la clara a punto de nieve para incorporarla poco a poco a la preparación. Añadimos el gruyer y mezclamos. La masa aún estará un poco pegajosa.

Colocamos 4 montones de masa en una placa de horno cubierta con papel antiadherente, los pintamos con yema de huevo y esparcimos las semillas de sésamo. Horneamos a 180 °C durante 25 minutos.

Un consejo

Podemos usar estos panecillos para hamburguesas o emplear esta masa para pizza.

#Rápido
#SinGluten

Crema de aguacate

PREPARACIÓN	RACIONES
3 min	2-3

1 aguacate • 2 cucharadas de zumo de limón • 1 cucharadita de comino

Con un tenedor aplastamos el aguacate. Añadimos el zumo de limón, el comino, sal y pimienta. Mezclamos todo bien y servimos enseguida.

>> Ideal para acompañar una ensalada, encima de berenjenas, con un filete de carne picada, tortillas mexicanas...

#Rápido
#SinGluten
#Vegano

Ktipiti (crema de pimientos y queso feta)

PREPARACIÓN	COCCIÓN	RACIONES
10 min	20 min	4

2 pimientos rojos • 150 g de queso feta • 150 g de yogur griego de oveja • 1 cucharada de aceite de oliva • 1 diente de ajo • 1 cucharadita de pimentón • Albahaca o menta • Piñones

Cortamos los pimientos en 2, retiramos las pepitas del interior, pintamos con aceite y horneamos a 200 °C durante 20 minutos. Dejamos enfriar.

Trituramos los pimientos con el ajo, el queso feta, el yogur, el pimentón y pimienta con cuidado para que queden trocitos.

Añadimos albahaca o menta y mezclamos con una cuchara. Servimos con piñones (opcional).

>> Ideal para acompañar una ensalada, huevos cocidos... Podemos utilizar pimientos asados congelados para ganar tiempo.

#Rápido
#SinGluten

#Rápido
#SinGluten

Crema de sardina

PREPARACIÓN	RACIONES
5 min	4

200 g de sardinas sin aceite en conserva • 200 g de queso ricota • 1 chalota pequeña • 2 cucharadas de aceite de oliva • 2 cucharadas de zumo de limón • Cúrcuma • Albahaca (o cebollino)

En una picadora, trituramos todos los ingredientes menos la albahaca.

Si la mezcla queda demasiado espesa, añadiremos 1 o 2 cucharadas de agua. Salpimentamos. Presentamos con albahaca picada.

>> Ideal con biscotes para el aperitivo o para acompañar ensaladas, rellenar tomates…

Pesto de espinacas

PREPARACIÓN	RACIONES
10 min	4

140 g de espinacas frescas • 40 g de nata vegetal (anacardo, soja o avena) • 40 g de almendra en polvo • 35 g de queso parmesano • 4 cucharadas de aceite de oliva • 1 cucharada de zumo de limón • ½ diente de ajo • Hojas de albahaca

Lavamos y escurrimos las hojas de espinaca. En una picadora trituramos todos los ingredientes. Salpimentamos.

>> Ideal para acompañar pastas o ensaladas.

Humus de garbanzos

PREPARACIÓN	RACIONES
5 min	4

250 g de garbanzos cocidos • 60 g de crema de sésamo (tahini) • 1 diente de ajo • 2 cucharadas de zumo de limón • 2 cucharadas de aceite de oliva

Diluimos el tajín o crema de sésamo en 10 cl de agua hasta obtener una textura lisa. Mezclamos con el resto de ingredientes. Podemos añadir las especias que más nos gusten: comino, cúrcuma, pimentón...

>> Ideal con falafel, con biscotes para el aperitivo o como acompañamiento de una ensalada.

#SinGluten
#Vegano
#Rápido

Caviar de berenjena exprés

PREPARACIÓN	COCCIÓN	RACIONES
5 min	10 min	4

500 g de berenjenas • 1 diente de ajo • El zumo de ½ limón • 4-5 cucharadas de aceite de oliva • 2 cucharaditas de comino en polvo

Pelamos las berenjenas, las cortamos en dados y las cocinamos en un recipiente para microondas con 1 vaso de agua a 850 W durante 10 minutos. A mitad de cocción, las removemos.

Escurrimos bien las berenjenas y en una batidora las trituramos con el ajo troceado, el zumo de limón, el aceite y el comino. Salpimentamos. Dejamos enfriar antes de consumir.

>> Ideal para el aperitivo con biscotes o para acompañar una ensalada.

#SinGluten
#Vegano
#Rápido

Salsa de yogur

PREPARACIÓN	RACIONES
5 min	2

#Rápido
#SinGluten

100 g de yogur griego de oveja • 100 g queso fresco • 1 chalota • Cilantro fresco en gran cantidad

Picamos la chalota. La mezclamos con el yogur y el queso fresco. Añadimos el cilantro picado, sal y pimienta.

>> Ideal para acompañar brochetas de pollo al curry o falafel, o bien como salsa ligera para una ensalada.

#SinGluten#
#Rápido

#Rápido
#SinGluten

Crema de calabacín

PREPARACIÓN	COCCIÓN	RACIONES
5 min	5 min	3 o 4

1 calabacín grande • 1 diente de ajo • 3 cucharadas de queso parmesano • 3 cucharadas de yogur griego de oveja • 1 cucharada de aceite de oliva • 30 g de almendras en polvo • Albahaca

Cortamos el calabacín en dados y lo cocemos con un poco de agua durante 5 minutos en el microondas a 850 W. A mitad de cocción lo removemos.Escurrimos los calabacines en un colador.

En una batidora, ponemos el calabacín, el ajo, el queso parmesano, el yogur, el aceite, las almendras molidas y la albahaca. Trituramos.

>> Ideal para acompañar pasta, una ensalada mixta o tomates con mozzarella.

Crema caliente de calabaza

PREPARACIÓN	COCCIÓN	RACIONES
10 min	15 min	2

230 g de calabaza • 45 g de nata vegetal (anacardos o avena) • 25 g de parmesano • Cúrcuma y comino

Cocemos la calabaza cortada en dados con agua durante 15 minutos. Trituramos todos los ingredientes en una batidora y salpimentamos.

>> Ideal como salsa para acompañar pastas.

Crema caliente de queso azul

#Rápido
#SinGluten

PREPARACIÓN	COCCIÓN	RACIONES
3 min	20 s	2

50 g de fourme d'Ambert (o Saint Agur® o queso roquefort) • 100 g de nata vegetal (soja, avena o anacardos)

En un bol ponemos el queso en trocitos y la bebida vegetal. Calentamos en el microondas durante 20 segundos, mezclamos y salpimentamos.

>> Ideal con pasta de trigo sarraceno o legumbres y hasta en pescado blanco.

Tartaletas
DE FRESAS Y CREMA DE ALMENDRAS

PREPARACIÓN	COCCIÓN	UNIDADES
25 min	15 min	8

- 1 masa quebrada (ver la receta en la página 116)
- 24 fresas
- Menta

PARA LA CREMA DE ALMENDRAS
- 2 yemas de huevo
- 35 g de sirope de agave
- 60 g de bebida vegetal
- 60 g de almendra en polvo
- 30 g de mantequilla

Con un disco, cortamos 8 círculos de masa quebrada. Los colocamos en moldes para tartaletas y horneamos a 180 ºC durante 15 minutos. Dejamos enfriar.

Preparamos la crema de almendras. En una cacerola mezclamos las yemas y el sirope de agave con una varilla. Añadimos la bebida vegetal y batimos. Incorporamos la almendra en polvo.

Ponemos la cacerola a fuego medio-alto y, sin dejar de batir, calentamos hasta que la crema espese. Retiramos del fuego y añadimos la mantequilla, que se fundirá. Mezclamos de nuevo y dejamos enfriar.

Ponemos una generosa cantidad de crema de almendras en las tartaletas frías, y decoramos con fresas y menta.

Un consejo
Podemos reemplazar las fresas por pera y decorar con algunas pepitas de chocolate negro.

#Rápido

Muffins
CON PEPITAS DE
CHOCOLATE Y AVELLANAS

PREPARACIÓN	COCCIÓN	CANTIDAD
10 min	20 min	8

- 100 g de harina de trigo T150
- 70 g de harina de cebada
- ½ sobrecito de levadura química
- 30 g de almendra en polvo
- 2 huevos

- 12 cl de leche de almendra (u otra)
- 25 g de miel de acacia + 20 g de sirope de agave (o 45 g de uno u otro)
- 100 g de mantequilla (o margarina)
- 100 g de pepitas de chocolate negro
- 30 avellanas

Mezclamos las harinas, la levadura y la almendra en polvo. Formamos un agujero en el centro e incorporamos en él los huevos uno a uno.

Añadimos la leche de almendra, después la miel y el sirope de agave. Mezclamos despacio con una cuchara de madera. Fundimos la mantequilla y la incorporamos.

Cuando la mezcla sea homogénea, añadimos las pepitas de chocolate, removiendo con delicadeza.

Ponemos la masa en moldes para muffins con las avellanas troceadas por encima, horneamos a 120 °C durante 20 minutos. Esperamos unos 10 minutos antes de desmoldar.

Un consejo
Podemos sustituir la miel y el sirope de agave por 45 g de xilitol para un IG aún más bajo.

Pastel de zanahoria

PREPARACIÓN
15 min

COCCIÓN
30 - 35 min

RACIONES
8

- 200 g de zanahorias
- 45 g de harina de trigo T150
- 1 sobrecito de levadura química
- 1 pizca de sal
- 70 g de almendra en polvo
- 60 g de avellana en polvo
- 50 g de azúcar de coco
- ½ cucharadita de canela
- ½ cucharadita de jengibre
- 2 huevos

- 50 g de bebida vegetal (anacardo o avena)
- 75 g de aceite vegetal (tipo Isio 4)
- 20 g de puré de avellana

PARA EL GLASEADO

- 3 cucharaditas de queso St Môret®
- 2 cucharaditas de mantequilla de cacahuete
- 15 g de sirope de agave
- Nueces pecanas (u otros frutos secos)

Mezclamos los ingredientes secos (harinas, levadura, sal, almendra y avellana en polvo, azúcar de coco y especias), después añadimos los huevos y mezclamos. Agregamos la bebida vegetal, el aceite y el puré de avellana. Mezclamos bien.

Rallamos las zanahorias y las incorporamos a la masa.

En un molde para cake (de unos 24 cm de longitud) engrasado con mantequilla, ponemos la masa y horneamos a 200 °C durante 30-35 minutos.

Preparamos el glaseado mezclando todos los ingredientes menos las nueces pecanas y lo extendemos sobre el pastel cuando esté frío. Basta con una capa fina, ya que la mantequilla de cacahuete puede llegar a ser empalagosa. Decoramos con nueces pecanas.

Minibanana breads

PREPARACIÓN	COCCIÓN	UNIDADES
10 min	15 min	8

1 plátano • 50 g de salvado de avena • 35 g de almendra en polvo • 1 cucharadita de bicarbonato • 60 g de compota de plátano y mango sin azúcares añadidos • 60 g de queso fresco (o yogur vegetal) • 1 huevo • 40 g de mantequilla • 1 pizca de sal • Pepitas de chocolate negro, nueces (opcional)

Mezclamos el salvado de avena, la almendra en polvo y el bicarbonato. Añadimos la compota y el queso fresco, y después, tres cuartos del plátano aplastado.

Separamos la yema de la clara del huevo. Incorporamos la yema, la mantequilla fundida y removemos.

Montamos la clara a punto de nieve junto con la sal y la agregamos también.

Repartimos la masa en moldes para financieros, añadimos una rodaja finita de plátano sobre cada uno y, si queremos, también unas pepitas de chocolate y unos trocitos de nuez. Horneamos a 180 °C durante 15 minutos.

>> Ideales para un buen desayuno o una merienda saludable.

#Rápido

Es bueno saberlo

Podemos hacer esta receta en versión cake o bizcocho. Para ello, basta con multiplicar las cantidades por 2, usar un molde adecuado y hornear a 185 °C durante 35 minutos.

Pastel esponjoso de naranja y almendras

PREPARACIÓN	COCCIÓN	RACIONES
15 min	25 – 30 min	7 u 8

1 naranja • 70 g de almendra en polvo • 4 huevos • 40 g de sirope de agave • 60 g de harina de cebada • ½ sobrecito de levadura química • 50 g de aceite de oliva • Almendras laminadas

PARA EL SIROPE

½ naranja • 10 g de xilitol (o 5 g de sirope de agave o de miel)

Separamos las claras y las yemas de los huevos. Mezclamos las yemas con el sirope de agave. Añadimos la ralladura de la piel de la naranja y su zumo a la preparación.

Incorporamos la almendra en polvo, la harina, la levadura y el aceite de oliva y mezclamos.

Montamos las claras a punto de nieve y las incorporamos con cuidado.

En un molde para cake (de unos 24 cm de largo) engrasado con mantequilla ponemos la masa y por encima las almendras laminadas. Horneamos a 180 °C durante 20 o 30 minutos. Dejamos enfriar.

Preparamos el sirope. Exprimimos la naranja y mezclamos su zumo con el xilitol. Lo extendemos sobre el pastel.

>> Un pastel ligero, ideal para el desayuno o para una merienda saludable. El aceite de oliva pierde su sabor particular cuando se cocina.

Trianon de chocolate
Y NARANJA

PREPARACIÓN	COCCIÓN	REPOSO	RACIONES
20 min	10 min	2 h	6

PARA LA BASE DE GALLETA
- 25 g de almendras
- 25 g de nueces
- 30 g de copos de avena
- 10 g de salvado de avena
- 35 g de almendra en polvo
- 20 g de azúcar de coco
- 50 g de aceite de coco fundido
- 5 cl de bebida vegetal (avena o anacardo)

PARA LA MOUSSE DE CHOCOLATE
- 200 g de chocolate negro al 60% de cacao
- ½ naranja
- 30 cl de nata líquida con el 30% de MG muy fría

Preparamos la base de galleta. Machacamos las almendras y las nueces y las mezclamos con los demás ingredientes.

En un molde redondo de unos 16 centímetros de diámetro apto para horno ponemos la preparación y la aplastamos bien. Horneamos a 180 ºC durante 10 minutos. Dejamos enfriar dentro del molde.

Preparamos la mousse de chocolate. Montamos la nata en un bol. Fundimos el chocolate al baño María y, aún caliente, lo incorporamos a la nata.

Rallamos la piel de la naranja y mezclamos todo con mucho cuidado para mantener la textura.

Cuando la base de galleta esté fría, vertemos la mousse hasta llenar el molde. Decoramos con tiritas de piel de naranja y enfriamos en el frigorífico al menos 2 horas antes de consumirla.

Un consejo

Para que monte rápidamente, colocaremos la nata en el congelador 30 minutos antes de prepararla. Podemos prescindir de la ralladura de naranja, según nuestros gustos.

#Rápido

Pastel

PAN DE JENGIBRE CON CHOCOLATE

PREPARACIÓN	COCCIÓN	PERSONAS
10 min	30-35 min	8

- 100 g de pepitas de chocolate
- 15 cl de leche de almendra (u otra)
- 30 g de miel de acacia + 20 g de sirope de agave (o 50 g de uno o del otro)
- 100 g de mantequilla (o 90 g de aceite)
- 120 g de harina de trigo T150
- 80 g de harina de cebada

- ½ sobrecito de levadura química
- 1 pizca de sal
- 3 cucharaditas de anís verde en grano
- 2 cucharaditas de canela
- 1 cucharadita de cardamomo
- 1 cucharadita de jengibre
- 2 huevos

En una cacerola, calentamos a fuego lento la leche de almendra junto con la miel y el sirope de agave. Removemos y, cuando la miel y el sirope se hayan disuelto, apagamos el fuego. Añadimos la mantequilla y mezclamos hasta que se haya fundido por completo.

En un recipiente, mezclamos las harinas, la levadura, la sal y las especias. Añadimos los huevos uno a uno y mezclamos. Poco a poco, vamos incorporando la mezcla de leche de almendra sin dejar de remover. Cuando la pasta esté homogénea, añadimos las pepitas de chocolate.

Ponemos la masa en un molde para cake (de unos 24 centímetros de largo) engrasado con un poquito de mantequilla y horneamos a 185 °C durante 30 o 35 minutos.

#Rápido
#Vegano

Financieros

PREPARACIÓN	COCCIÓN	UNIDADES
10 min	10 min	8

35 g de almendra en polvo • 20 g de avellana en polvo • 30 g de harina de cebada • ½ cucharadita de bicarbonato (o de levadura química) • 45 g de xilitol • 2 cucharadas de compota de manzana sin azúcares añadidos • ½ cucharadita de extracto de almendra amarga • 60 g de mantequilla • 2 claras

Mezclamos la almendra y la avellana en polvo con la harina, el bicarbonato y el xilitol. Añadimos la compota y el extracto de almendra amarga y, después, la mantequilla fundida. Mezclamos bien.

Batimos las claras a punto de nieve y las incorporamos a la preparación con cuidado.

Vertemos la masa en moldes para financieros de silicona y horneamos a 215 °C durante 10 minutos.

#Rápido

Galletas de almendra y chocolate

PREPARACIÓN	COCCIÓN	UNIDADES
15 min	12 min	De 6 a 8

100 g de almendras en polvo • 40 g de harina de cebada • 65 g de compota de manzana y pera sin azúcares añadidos • 20 g de sirope de agave • 40 g de aceite de coco desodorizado (o de mantequilla) • Mantequilla de cacahuete (opcional)

PARA EL GANACHE DE CHOCOLATE
40 g de chocolate negro con el 70% de cacao • 30 g de leche de coco fluida (u otra)

Mezclamos la almendra en polvo y la harina. Añadimos la compota y el sirope de agave, después, el aceite de coco fundido.

Con esta masa, hacemos bolas en forma de galletas gruesas y las colocamos en una bandeja de horno con papel antiadherente. Horneamos a 180 °C durante 10 minutos o hasta que las galletas estén doradas. Luego las sacamos y las dejamos enfriar.

Preparamos el ganache de chocolate. Fundimos los ingredientes en el microondas.

Ponemos una cucharadita de mantequilla de cacahuete sobre cada galleta y, a continuación, dos cucharaditas colmadas de ganache de chocolate. Dejamos enfriar en el frigorífico.

Es bueno saberlo

Para obtener un sabor tostado delicioso, doramos la avellana en polvo en el horno a 160 °C durante 8 minutos. Si somos veganos, reemplazaremos las claras por 80 g de aquafaba y la mantequilla por 50 g de aceite de coco desodorizado.

Masa para crepes dulces

PREPARACIÓN	COCCIÓN	UNIDADES
10 min	5 min por crepe	9

150 g de harina de cebada • 100 g de harina de garbanzo • 1 pizca de sal • 2 huevos • 30 cl de bebida vegetal (anacardo, avena, soja) • 1 cucharada de esencia de azahar • 30 cl de agua • Aceite de oliva

Mezclamos las harinas y la sal, añadimos los huevos uno a uno, la bebida vegetal, la esencia y el agua. La masa tiene que quedar lisa y fluida.

En una sartén bien caliente con un poquito de aceite, ponemos un cazo de la masa , extendemos y cocinamos unos 2 o 3 minutos por cada lado. Repetimos la operación con el resto de la masa.

Variación

Después de darle la vuelta a la crepe, añadimos 2 cuadraditos de chocolate negro con el 70% de cacao y dejamos que se funda. También podemos elegir otro acompañamiento (compota sin azúcares añadidos, coco, frutas, mantequilla de cacahuete...).

#Rápido

#Rápido

Gofres

PREPARACIÓN	COCCIÓN	UNIDADES
10 min	5 min	8

100 g de harina de cebada • 50 g de harina de trigo T150 • 50 g de almendra en polvo • ½ sobrecito de levadura química • 30 cl de bebida vegetal (avena u otra) • 40 g de aceite de coco desodorizado • 2 huevos • 1 plátano pequeño

Mezclamos las harinas, la almendra en polvo y la levadura. Añadimos la bebida vegetal, el aceite fundido y los huevos. Batimos todo.

Aplastamos el plátano con un tenedor y lo incorporamos a la mezcla. En una gofrera, cocinamos los gofres durante 5 minutos.

Un consejo

Si no nos gusta el plátano, podemos reemplazarlo por 20 g de azúcar de coco. Como acompañamiento, añadimos sobre los gofres algunas pepitas de chocolate negro y trocitos de fruta.

Tortitas ligeras
CON PEPITAS DE CHOCOLATE

PREPARACIÓN	COCCIÓN	UNIDADES
10 min	5 min por tortita	10

#Rápido

- 6 cucharadas de pepitas de chocolate negro
- 100 g de harina de espelta T150
- 100 g de cebada
- 14 g de levadura química

- 2 huevos
- 180 g de bebida vegetal (anacardo, avena)
- 2 yogures griegos de oveja (o yogures vegetales)
- Aceite

Mezclamos las harinas y la levadura. Separamos las yemas y las claras de los huevos y añadimos las yemas, la bebida vegetal y los yogures. Mezclamos bien.

Montamos las claras a punto de nieve y las incorporamos con cuidado. Añadimos las pepitas de chocolate.

Cocinamos las tortitas durante 2 o 3 minutos por cada lado en una sartén o una crepera con un poquito de aceite. Durante la cocción, se inflarán por efecto de la levadura.

Podemos servirlas tal cual, ya que estarán dulces por las pepitas de chocolate.

#Rápido

Bol cake
DEL DESAYUNO

PREPARACIÓN	COCCIÓN	RACIONES
5 min	2 min	1

- 20 g de salvado de avena
- 20 g de almendra en polvo
- 10 g de copos de avena
- ½ cucharadita de levadura química
- 30 g de bebida vegetal (anacardo u otra)

- 1 huevo
- 75 g de compota sin azúcares añadidos (o plátano machacado)
- Frutos rojos
- Menta

En un bol, mezclamos el salvado de avena, la almendra pulverizada, los copos de avena y la levadura. Añadimos el huevo batido y mezclamos.

Incorporamos la bebida vegetal y la compota, Batimos de nuevo con un tenedor.

Cocinamos en un vasito en el microondas a 850 W durante 2 minutos y 10 segundos. Esperamos un poco antes de desmoldar del revés. Decoramos con frutos rojos y menta.

Un consejo

Podemos elegir las frutas que más nos gusten y reemplazar la compota (o el plátano) por 1 yogur vegetal. En ese caso, añadiremos miel de acacia para endulzar.

#Rápido

Flan-crema
DE CHOCOLATE Y PERA

PREPARACIÓN	COCCIÓN	REPOSO	RACIONES
10 min	40 min	2-3 h	6

- 200 g de chocolate negro (140 g de chocolate negro para repostería + 60 g al 70% de cacao)
- 2 ½ peras

- 250 g de queso mascarpone
- 20 g de harina de cebada
- 3 huevos
- 3 cucharadas de leche de coco fluida (u otra)

Mezclamos la harina y 1 huevo, con cuidado para evitar grumos. Utilizaremos una varilla para que la preparación quede muy lisa. Añadimos luego el resto de huevos. Batimos todo. En otro recipiente, fundimos el chocolate con la leche de coco en el microondas. Añadimos el queso mascarpone y batimos.

Mezclamos bien las dos preparaciones; la textura tiene que ser muy lisa. Añadimos las peras en trocitos. Vertemos la masa en un molde de silicona para cake (de unos 24 centímetros de largo) y horneamos a 150 °C durante 40 minutos.

Cuando lo saquemos del horno, el flan estará un poco blando. Lo dejaremos enfriar y lo meteremos en el frigorífico durante 2 o 3 horas. Desmoldamos y servimos.

Es bueno saberlo

Podemos reemplazar la harina de cebada por harina de espelta. Para una versión sin gluten, usaremos fécula de maíz (Maizena®). Tiene un IG elevado, pero en una cantidad tan pequeña, el impacto sobre la glucemia será muy bajo.

Mousse
DE PERA, GRANOLA Y SALSA DE CHOCOLATE

PREPARACIÓN	COCCIÓN	RACIONES
15-20 min	algunos segundos	4

PARA LA MOUSSE DE PERA
- 225 g de peras en almíbar,
- 220 de queso mascarpone (o 120 g de mascarpone + 100 g de queso fresco, para una versión más ligera)
- 1 huevo
- 1 cucharada de miel de acacia
- Granola dulce (ver receta más abajo)

PARA LA SALSA DE CHOCOLATE
- 50 g de chocolate negro al 70% de cacao
- 40 g de bebida vegetal

Preparamos la mousse de pera. Separamos la yema y la clara del huevo. Mezclamos la yema con la miel y el queso mascarpone. En un bol, montamos la clara a punto de nieve y la incorporamos a la preparación anterior. Lavamos las peras y con un tenedor las aplastamos. Las añadimos a la mezcla. Reservamos en frío.

Preparamos la salsa de chocolate en el último momento. En un bol pequeño, rompemos el chocolate en cuadrados y añadimos la bebida vegetal. Lo fundimos todo junto en el microondas durante unos segundos. Montamos los tarritos con una capa de mousse de pera y una capa de granola, y encima vertemos el chocolate aún caliente.

CONSEJO: si tenemos prisa, podemos utilizar granola comprada con menos del 10% de azúcar.

Granola dulce

PARA 230 G DE GRANOLA
70 g de oleaginosos (40 g de avellanas + 30 g de almendras) • 75 g de copos de avena • 35 g de pipas (girasol, calabaza) • 30 g de aceite de coco (desodorizado o no, según nuestro gusto) • 20 g de miel de acacia (o de sirope de agave)

Machacamos los oleaginosos y los mezclamos con los copos de avena, las pipas, el aceite de coco fundido y la miel. Mezclamos bien. Extendemos la granola en una placa de horno con papel antiadherente y horneamos a 170 °C durante 12 minutos, hasta que esté dorada.

Crema healthy
DE CHOCOLATE

PREPARACIÓN	COCCIÓN	REPOSO	RACIONES
10 min	5 min	4 h	4

• 125 g de chocolate negro con el 65% de cacao
• 2 yemas de huevo

• 10 cl de nata de coco
• 1 cucharadita de cacao en polvo 100%
• 20 cl de leche de almendra
• Pistachos (opcional)

Batimos las yemas con la nata de coco y añadimos el cacao.

En una cacerola, calentamos la leche de almendra con el chocolate para que se funda.

Añadimos la mezcla de la nata de coco a la cacerola y calentamos, sin dejar de batir, unos 2 o 3 minutos para que el huevo se cueza y la mezcla se espese, hasta obtener la textura de una crema inglesa.

Repartimos la mezcla en vasitos de cristal y dejamos enfriar al menos durante 4 horas en el frigorífico.

Antes de servir, podemos esparcir unos pistachos machacados por encima.

#Rápido
#SinGluten

#Rápido
#SinGluten
#Vegano

Vasitos de chía
Y MANGO

PREPARACIÓN	REPOSO	RACIONES
10 min	40 min	2

- 20 g de semillas de chía
- 2 trozos grandes de mango congelado
- 190 g de leche de almendra (o de coco)

- ½ cucharadita de extracto de vainilla líquida
- 10 cl de nata de coco
- 1 fruta de la pasión, coco rallado (opcional)

Batimos la chía con la leche de almendra y añadimos la vainilla. Dejamos reposar durante 5 minutos. Mezclamos de nuevo y reservamos 40 minutos en el frigorífico.

Batimos de nuevo para despegar las semillas que se hayan quedado pegadas.

Sacamos el mango del congelador y lo dejamos descongelar un poco, pero no del todo. En una batidora, lo trituramos con la nata de coco.

Montamos los vasitos con una capa de crema de mango, una capa de pudin de chía y volvemos a repetir. Podemos terminar con una capa fina de fruta de la pasión y un poquito de coco rallado.

Es bueno saberlo

La semillas de chía son ricas en fibras y permiten reducir la absorción de glucosa en la sangre. También contienen antioxidantes, minerales (calcio, hierro, magnesio y zinc, sobre todo), así como el preciado Omega 3.

Índice alfabético
DE RECETAS

Índice de recetas

POR INGREDIENTES

———

Tabla de equivalencias

Peso

55 g	2 onzas	200 g	7 onzas	500 g	17 onzas
100 g	3 onzas	250 g	9 onzas	750 g	26 onzas
150 g	5 onzas	300 g	10 onzas	1 kg	35 onzas

Estas equivalencias permiten calcular el peso aproximado en gramos
(en realidad, 1 onza = 28 g).

Capacidades

25 cl	1 taza	75 cl	3 tazas
50 cl	2 tazas	1 l	4 tazas

Para facilitar la medición de capacidades, 1 taza aquí equivale a 25 cl
(en realidad, 1 taza = 8 onzas = 23 cl).

Título original: *Je réussis ma detox sucre*

© Larousse 2021

Dirección de la publicación: Isabelle Jeuge-Maynart et Ghislaine Stora

Dirección editorial: Émilie Franc

Dirección artística: Géraldine Lamy

Edición: Ewa Lochet

Diseño gráfico y portada: Aurore Élie, Lucile Jouret, Émilie Latour

Ilustraciones: © Shutterstock

© 2024, Editorial LIBSA
C/ Puerto de Navacerrada, 88
28935 Móstoles. Madrid
Tel. (34) 91 657 25 80
e-mail: libsa@libsa.es
www.libsa.es

ISBN: 978-84-662-4315-5

Derechos exclusivos de edición para
todos los países de habla española.

Traducción: Samara Ibarra Bernal